DeThier | John F. Kennedy. 100 Seiten

W0071466

✳ Reclam 100 Seiten ✳

Peter DeThier

John F. Kennedy. 100 Seiten

Reclam

© 2016 Philipp Reclam jun. GmbH & Co. KG, Stuttgart
Umschlaggestaltung: ZERO Werbeagentur, München
Umschlagabbildung: FinePic®, München
Infografiken (S. 18 f., 84 f.): Golden Section Graphics GmbH, Berlin
Bildnachweis: S. 8 © akg-images / TT News Agency; S. 16 © John F.
Kennedy Presidential Library and Museum, Boston (Foto: Frank
Turgeon Junior); S. 43 © akg-images / TT News Agency; S. 71, 73
© John F. Kennedy Presidential Library and Museum, Boston;
S. 91 © akg-images
Gesamtherstellung: Reclam, Ditzingen. Printed in Germany 2016
RECLAM ist eine eingetragene Marke
der Philipp Reclam jun. GmbH & Co. KG, Stuttgart
ISBN 978-3-15-020425-2

Auch als E-Book erhältlich

www.reclam.de

Für mehr Informationen zur 100-Seiten-Reihe:
www.reclam.de/100Seiten

Inhalt

»JFK«

Der Name ist zeitlos. Die Initialen »JFK« waren bereits zu John F. Kennedys Lebzeiten der Stoff von Legenden, und seit der 35. Präsident der Vereinigten Staaten am 22. November 1963 in Dallas auf so tragische Weise ums Leben kam, sind der Mythos und die Faszination um seine Person weiter gewachsen. Mehr als bei jedem anderen Politiker in den Annalen einer noch jungen Nation erscheint sein ebenso intensives wie widersprüchliches Leben als ideale Vorlage für Hollywood-Drehbücher. Die zahlreichen Affären, von blutjungen Praktikantinnen bis zu Superstars wie der Hollywood-Diva Marilyn Monroe, könnten Gegenstand eines melodramatischen Spielfilms sein. Die nachweislich engen Vebindungen der Kennedy-Familie zur Mafia und die unzähligen Theorien um das Attentat von Dallas, dessen Hintergründe ungeachtet der Befunde der sogenannten Warren-Kommission bis heute ungeklärt bleiben, liefern ein Material, das selbst die kreativsten Autoren von Kriminalromanen vor Neid erblassen lassen würde.

Der unbändige Ehrgeiz von Kennedys Vater Joe, der als Kompensation für die eigenen gescheiterten Ambitionen seinen zweitältesten Sohn buchstäblich zum Präsidentenamt heranzüchten wollte, rückt die Ära JFK wiederum in ein anderes Licht: »Jack«, wie Freunde und Familie ihn liebevoll nannten, hatte nämlich zunächst gar kein Interesse am Chefsessel an der 1600 Pennsylvania Avenue. Mehrfach sagte er während seiner Zeit als Abgeordneter des Repräsentantenhauses, dass er viel lieber an die renommierte Harvard-Universität zurückgekehrt wäre, »um Geschichte zu lehren und Mädchen hinterherzulaufen«. Johns schwieriges Verhältnis zu seinem Vater, dem Patriarchen, der mit eiserner Hand seine Familie regierte und mit unnachgiebigem Druck über die Karriere seines Sohnes wachte, ist der Stoff für ein politisches Drama, das sicherlich auch heute noch zum Kassenschlager werden würde.

Ich selbst kam als zweijähriger Sohn eines Auslandskorrespondenten im Frühjahr 1964, also ein halbes Jahr nach dem Attentat, in die USA. Bereits als Jugendlicher war ich den diversen Verschwörungstheorien und den Diskussionen um Amerikas politische Zukunft ohne John F. Kennedy ausgesetzt. Seither hat mich JFK nicht mehr losgelassen. Mir geht es darum, diese historisch bedeutsame Persönlichkeit in ihrer Vielschichtigkeit zu beleuchten und zu erklären – in ihren zahlreichen Widersprüchen, die nicht zuletzt auf jenen leichtsinnigen, geradezu tollkühnen und kompromisslosen Lebensstil zurückzuführen sind. Dieser Lebensstil zeichnete im Übrigen viele der Kennedys aus, brachte seinen jüngeren Bruder Teddy um jede Chance auf die US-Präsidentschaft und kostete JFKs Sohn John F. Kennedy Junior ebenso wie viele andere Mitglieder des Clans das Leben. Der Präsident und die Persönlichkeit John F. Kennedy haben auch 100 Jahre nach seiner Geburt nicht im Geringsten an Relevanz verloren. Im Gegenteil.

Der Weg zur Macht

Der Patriarch und seine Söhne

Um JFKs Werdegang, sein turbulentes Leben und seine steile politische Karriere zu verstehen, muss man die Vorgeschichte kennen. Sie beginnt mit einer dominanten Vaterfigur, die buchstäblich vor nichts zurückschreckte, um den eigenen Willen durchzusetzen. Joseph Patrick Kennedy, auch als »Joe« bekannt, wurde 1888 in Boston geboren. Er besuchte die besten Schulen und absolvierte sein Studium, wie später die eigenen Söhne, an der elitären Harvard-Universität. Schon in sehr jungem Alter verdiente Kennedy als Investmentbanker seine ersten Millionen. Der ehrgeizige Tausendsassa, den es nach eigener Darstellung gelangweilt hätte, nur in einer Branche tätig zu sein, legte sein Geld in Immobilien an, beteiligte sich an einem der größten Stahlkonzerne der USA und kaufte später mehrere Hollywood-Studios.

Die Jahre in Hollywood waren besonders prägend. Kennedy Senior war der erste Katholik aus dem amerikanischen Ostküsten-Establishment, dem es gelungen war, in der Traumfabrik Fuß zu fassen. Häufig mockierte sich der kühl berechnende Unternehmer über die Blauäugigkeit in der Filmindustrie und darüber, wie leicht er mit Geld, Charisma und blendendem Auftreten Geschäftspartnern das Fell über die Ohren ziehen konnte. Auch lernte Joe in Hollywood eine wichtige Lektion, die später den politischen Karrieren seiner Söhne zugute kommen würde: »Image ist alles.« Er verstand es wie ein echter Filmproduzent, mit der richtigen Inszenierung Illusionen zu schaffen und diese im politischen Geschäft zum eigenen Vorteil zu nutzen. So heuerte er Jahrzehnte später die besten Hollywood-Fotografen für Johns und Jackies »Hochzeit des Jahrhunderts« an und ließ sie auch danach die Bilder von der jungen Familie machen. Damit sollte sichergestellt werden, dass der Öffentlichkeit das Bild eines unwiderstehlichen Traumpaars vermittelt wurde, das einfach perfekt war fürs Weiße Haus. Zu den Shootings wurden die besten Visagisten eingeflogen, die dafür sorgen sollten, dass John bei jedem öffentlichen Auftritt perfekt geschminkt war. Sein blendendes Aussehen sicherte ihm im Präsidentschaftswahlkampf 1960, insbesondere bei der ersten Fernsehdebatte, einen entscheidenden Vorteil gegenüber dem republikanischen Kandidaten Richard Nixon.

Als Manager einer Schiffswerft knüpfte Johns Vater 1917 seinen bis dahin wichtigsten politischen Kontakt. Er freundete sich mit dem späteren Präsidenten Franklin Delano Roosevelt an, der zu dieser Zeit Staatssekretär im Marineministerium war. 1932 unterstützte Joe dann Roosevelt bei dessen Präsidentschaftskampagne, der ihn als Belohnung dafür anschließend zum ersten Vorsitzenden der Börsenaufsichtsbehörde *Securities and Exchange Commission* (SEC) ernannte. Nach dem Ende der Prohibition importierte Kennedy Whiskey aus Schottland und gründete mit der Unterstützung von Roosevelts Sohn ein Handelsunternehmen, das das Exklusivrecht für den Verkauf weltberühmter Marken wie Gordons Gin und Dewar Scotch in den USA erwarb.

Sein Vermögen machte Joe mit seiner Kreativität und Geschäftstüchtigkeit als Unternehmer, doch seine große Leidenschaft galt der Politik. Sichtlich genoss er als US-Botschafter in London – zu dem ihn Präsident Roosevelt 1938 ernannt hatte – sein Leben als gefeiertes Mitglied der britischen »High Society«. Diskretion und Selbstbeherrschung zählten dagegen nicht zu seinen Stärken. Regelmäßig trotzte der selbstwusste Multimillionär den Anweisungen aus Washington, schoss aus der Hüfte und setzte sich bei seinen englischen Gastgebern in die Nesseln. So unterstützte er entgegen den Vorgaben des Außenministeriums die »Appeasement-Politik« des damaligen britischen Premierministers Neville Chamberlain, der meinte, dass man mit Hitler »verhandeln« und »Kompromisse schließen könne«, um den Krieg noch in letzter Minute abzuwenden. In seinem wohl krassesten Verstoß gegen das Protokoll bemühte sich Botschafter Kennedy gleich zwei Mal um ein persönliches Treffen mit Hitler. Das hinterhältige und nassforsche Vorpreschen hätte schon damals zu seiner prompten Entlassung geführt, wenn man in Washington davon gewusst hätte. Doch erfuhr man dort erst später von den geheimen Eskapaden des Diplomaten.

Zu Konsequenzen kam es infolge einer Beleidigung jener Nation, die Kennedy Senior als Spitzendiplomaten mit offenen Armen empfangen hatte. In Großbritannien sei »die Demokratie am Ende«, schimpfte er und plädierte auch nach Kriegsbeginn vehement gegen amerikanische Militärhilfe für England. Die unentschuldbare Entgleisung über das angebliche Ende der Demokratie in einem Land, zu dem die USA seit langem eine »special relationship« unterhielten, führte dazu, dass der zornige Präsident Kennedy mit sofortiger Wirkung aus London zurückpfiff. Damit waren zugleich alle Ambitionen des damals 52-Jährigen, sich eines Tages selbst um die Präsidentschaft zu bewerben, begraben.

Sein Einsatz ging daher von nun an auf seinen ältesten Sohn, Joseph Junior, über. Doch den jungen Navy-Piloten ereilte 1944 ein tragischer Tod. Joe Junior war gerade auf dem Weg zu einem streng geheimen Kampfeinsatz gegen deutsche Raketenstellungen in Frankreich, als sein Kampfjet durch eine Fehlzündung über dem Ärmelkanal explodierte. Damit war der Weg für die politische Karriere des zweiten Sohnes vorgezeichnet.

Dass der ehrgeizige Vater nun alle seine Hoffnungen auf den damals gerade 27-jährigen John Fitzgerald Kennedy setzte, wurzelte nicht nur in seinem unbändigen politischen Ehrgeiz, sondern auch in einer tiefen Verunsicherung. Als gläubiges Mitglied einer streng katholischen Gemeinde fühlte er sich in den gehobenen gesellschaftlichen Kreisen Bostons diskriminiert. Umso unverständlicher war für viele seine geringe Toleranz für andere religiöse Minderheiten, insbesondere für Juden. »Mach niemals Geschäfte mit Juden, Du kannst ihnen nicht vertrauen«, hatte der Patriarch seinen Söhnen eingetrichtert – ein Grundsatz, den die beiden aufgeklärten und weltoffenen Jungen glücklicherweise nicht beherzigten. Und als Sohn irischer Einwanderer, dessen Vorfahren in ärmlichen Verhältnissen aufgewachsen waren, wollte Joe beweisen, dass auch Immigranten es im Land der unbegrenzten Möglichkeiten zu höchsten politischen Ehren bringen konnten. »Als erster Mick wird ein Kennedy amerikanischer Präsident«, prägte er seinem Sohn bereits als jungem Mann ein. Dass er seine eigenen Landsleute als »Micks« bezeichnete, ein abschätziger

Begriff für eingwanderte Iren, deren Nachname häufig mit den Buchstaben »Mc« beginnt, ist zugleich ein deutliches Anzeichen für einen gewissen Minderwertigkeitskomplex. Klar war zugleich, dass der resolute Patriarch seinen Willen gegenüber seinem Sohn durchsetzen würde. Ab sofort setzte er alles daran, dem Filius den Weg zu bereiten – über das Repräsentantenhaus und den Senat bis hin zum Weißen Haus.

Ein privilegiertes Leben

Geboren wurde John Fitzgerald Kennedy am 29. Mai 1917 in Brookline, einem Vorort von Boston. Benannt hatten Joseph und Rose Kennedy ihr zweitältestes von neun Kindern, vier Jungen und fünf Mädchen, nach Roses Vater, dem populären ehemaligen Bürgermeister von Boston, John »Honey Fitz« Fitzgerald. Joes Ehrgeiz bekamen die beiden Söhne schon in sehr jungen Jahren zu spüren. Joseph Junior und John besuchten ausschließlich die besten Privatschulen. Dem Vater ging es dabei um mehr als eine erstklassige Schulausbildung. Für ihn war die Aufnahme seiner Söhne in die prestigeträchtigsten Schulen auch ein Ausdruck des gesellschaftlichen Aufstiegs. Zugleich bot sich dort die Möglichkeit, ein Netzwerk an einflussreichen Kontakten aufzubauen. Die Mitschüler der Kennedy-Söhne waren fast ausschließlich die Kinder wohlhabender, protestantischer Eltern – also eben jener Leute, die jahrelang verhindert hatten, dass die römisch-katholische Kennedy-Familie in die »Country Clubs« von Bostons pikfeinen Vororten aufgenommen wurde. In den Clubs traf sich die gesellschaftliche Elite, es wurde Golf und Tennis gespielt, es wurden geschäftliche Kontakte geknüpft und gepflegt. Wer

Die Kennedy-Familie 1937. Links: Vater Joseph, John F. Kennedy und seine Schwestern Patricia, Jean Anne und Eunice; rechts: Mutter Rose, Edward, Robert, Kathleen, Rosemary und Joseph Junior.

dort aufgenommen wurde, war ein arriviertes Mitglied der gehobenen Gesellschaft, und eben danach hatte sich der ambitionierte Sohn eines Kneipenbesitzers schon immer gesehnt.

Joe impfte den Jungen jedenfalls dieselben Werte und Prinzipien ein, mit denen seine Eltern auch ihn großgezogen hatten: Joe Junior und John sollten in der Schule glänzen, miteinander um die besten Noten konkurrieren und versuchen, sich mit sportlichen Leistungen gegenseitig auszustechen. Doch auch wenn Joe Senior die Konkurrenz zwischen seinen beiden Söhnen ausdrücklich förderte, so galt für ihn doch der unerschütterliche Grundsatz, dass der Kennedy-Clan nach außen bedingungslos zusammenhalten sollte. Erwartet wurde von den jungen Männern außerdem, dass sie ein Interesse an politischen Themen entwickelten, wobei ihr Vater es keineswegs dem Zufall überließ, welcher Partei sie eines Tages angehören würden. Schließlich war Joe Senior ein energischer Befürworter von Roosevelts sozialstaatlichem Liberalismus, der vor allem im »New Deal« des demokratischen Präsidenten seinen Niederschlag fand. »Den Namen Kennedy zu tragen, bedeutet, ein Demokrat zu sein«, hieß es im Elternhaus von Joseph und JFK.

Bald nachdem der junge John seinen zehnten Geburtstag gefeiert hatte, siedelte die Familie nach New York über und bezog ein Haus in dem noblen Vorort Riverdale. Obwohl die Kennedys ihre Wurzeln in Boston hatten, verbrachte Joe Senior beruflich die meiste Zeit in New York und wollte die Familie in seiner Nähe haben. Ihren Hauptwohnsitz behielten die Kennedys gleichwohl in Brookline, außerdem hatten sie Anwesen in Hyannis Port, Massachusetts, und in Florida, wo sich während der Urlaubsmonate auch heute noch mehrere Generationen des Kennedy-Clans versammeln.

Wo immer die Familie hinzog, besuchten die Brüder nur die teuersten und exklusivsten Schulen. Mit 14 wurde John wie zuvor bereits sein älterer Bruder in das elitäre Internat Choate im benachbarten Connecticut aufgenommen. Die Institution hatte sich nicht nur dadurch einen Namen gemacht, dass ihre Absolventen später die besten Universitäten besuchten, sondern war auch für ihre dreiste Diskriminierungspraxis bekannt. So wurde unter anderem jüdischen Schülern die Aufnahme verweigert, und als Katholiken hatten die Kennedy-Söhne auch nur wegen des Vermögens und der politischen Beziehungen ihres Vaters eine Chance. Joseph Senior spielte diese Attribute eiskalt aus, wenn es darum ging, seinen Söhnen Vorteile zu verschaffen.

John stand vom ersten Tag an im Schatten seines älteren Bruders. Joe Junior war außerordentlich beliebt, gutaussehend, ein begnadeter Sportler und eine akademische Koryphäe. John dagegen, bei dem bereits als kleiner Junge Colitis, eine Entzündung des Dickdarms, festgestellt wurde, war kränklich und glänzte als Athlet nicht durch besondere Leistungen. Sein damals noch langes, schmales Gesicht mit den tiefliegenden Augen stand in Kontrast zu dem blendenden Aussehen des älteren Bruders. Ständig war John zu Lausbubenstreichen aufgelegt und hatte Ärger mit seinen Lehrern. Seine Noten waren nur mittelmäßig. Doch sein angeschlagener Gesundheitszustand, der sich in späteren Jahren noch deutlich verschlechterte, und die Minderwertigkeitsgefühle gegenüber Joe entfachten im jungen JFK gleichzeitig einen glühenden Ehrgeiz, der ihn sein Leben lang begleiten sollte. Aus Protest gegen den Vater, der darauf bestand, dass seine Söhne genau wie er selbst die Universität Harvard besuchen sollten, bewarb sich John mit Erfolg bei der Konkurrenz in Princeton. Während des ersten Semesters erkrankte er jedoch an Gelbsucht und musste das Studium abbrechen. Nachdem er sich erholt hatte, gab er schließlich dem Druck des Vaters nach und ging nach Harvard.

Weichenstellungen

Das Studium in Harvard prägte den jungen John F. Kennedy entscheidend und stellte zugleich die Weichen für seinen Einstieg in die Politik. Leicht hatte er es am Anfang nicht. Unerbittlich setzte sich die familieninterne Rivalität mit seinem älteren Bruder fort. Komplexbeladen im Verhältnis zu Joe Junior, den der Patriarch allgemein den »intelligenten Sohn« nannte, suchte John unermüdlich nach Wegen, um dem Vater zu imponieren. Die unterdurchschnittlichen Noten waren dazu wenig geeignet, und so entschloss er sich, stattdessen die eigenen Stärken auszuspielen. Unreifer als die meisten seiner 20-jährigen Kommilitonen, war er ständig zu dummen Streichen aufgelegt. Seine unbekümmerte und extrovertierte Persönlichkeit machte ihn äußerst populär. Mädchen fanden ihn unwiderstehlich, und er ließ keine Gelegenheit ungenutzt. Darin unterschied er sich nicht von seinem Vater, der als Ehemann weit davon entfernt war, ein vorbildlicher Katholik zu sein. Joe respektierte seine Ehefrau Rose zwar als loyale Partnerin, die ihm auch in schwierigen Zeiten zur Seite stand und seine geschäftlichen ebenso wie seine politischen Ambitionen unterstützte. Gleichwohl ließ er keine Chance aus, sich mit anderen Frauen zu vergnügen, ob mit Sekretärinnen, den Gattinnen von Geschäftspartnern oder Diplomatenfrauen.

Mit seinem Charme gewann John auch problemlos Zugang zu jenen elitären Klubs und Uni-Vereinen, in denen die Söhne von Amerikas »Blaublütigen« ihre Freizeit verbrachten. Einen Dämpfer erhielt sein lockerer Lebensstil erst, als John bei einem Footballspiel eine Wirbelsäulenverletzung erlitt. Das daraus resultierende Rückenleiden begleitete ihn bis zum Ende seines Lebens und führte zu einer Abhängigkeit von starken Schmerzmitteln, die einigen Experten zufolge übrigens der wahre Grund für seine unersättliche Libido gewesen sein könnten.

Während er seine sportlichen Aktivitäten deutlich einschränken musste, erwachte nun bei John jenes Interesse an den politischen Entwicklungen in Europa, das schließlich zu seinem Einstieg in die Politik führte. Er profitierte davon, dass sein Vater Joe US-Botschafter in London war und unternahm im unmittelbaren Vorfeld des Kriegsbeginns Reisen in mehrere west- und mitteleuropäische Länder, darunter die Tschechoslowakei, Polen, Österreich und Italien. Während der zweiten Sommerreise nutzte der junge Lebenskünstler geschickt die ranghohen Kontakte seines Vaters und verbrachte zum Teil mehrere Wochen in den Residenzen befreundeter Botschafter. Regelmäßig schilderte er in klugen und eloquent formulierten Briefen an Joe Senior seine Eindrücke vom Leben in Europa und der politischen Gemengelage. Geradezu genialen politischen Instinkt bewies der damals 21-jährige Student, als er voraussagte, dass der Streit um die Westerplatte bei Danzig der Auslöser für den Ausbruch des Zweiten Weltkriegs sein würde. Eine weitere Reise durch Europa dauerte etwas über ein halbes Jahr. Zum Abschluss verbrachte er einige Zeit bei seinen Eltern in London, wo er im September 1939 den Kriegsausbruch erlebte. Dass er die heftigen politischen Turbulenzen dieser historischen Monate aus unmittelbarer Nähe verfolgen konnte, weckte in Kennedy ein reges Interesse an der Weltpolitik.

Nach seiner Rückkehr nach Harvard, wo er noch zwei Studiensemester zu absolvieren hatte, wurde er prompt politischer Redakteur bei der dortigen Studentenzeitung. In seiner Diplomarbeit, die er über die britische Politik in der Vorkriegszeit schrieb, kritisierte er vor allem den Schmusekurs, den Premierminister Neville Chamberlain in den letzten Jahren gegenüber Hitler eingeschlagen hatte. Der junge Kennedy bewies damit mehr Rückgrat als in früheren Jahren. Schließlich widersprach er den Ansichten seines einflussreichen Vaters, der die Appeasement-Politik unterstützt und sich selbst mehrmals um ein persönliches Treffen mit Hitler bemüht hatte. Josephs vehementes Eintreten gegen den Krieg war nach Darstellung von engen Vertrauten übrigens weniger Ausdruck seiner politischen Überzeugungen. Vielmehr habe er vermeiden wollen, dass seine beiden ältesten Söhne an die Front geschickt werden würden und dort ihr Leben riskieren müssten.

Johns Diplomarbeit brachte ihm einen glänzenden akademischen Abschluss ein, und er beendete sein Studium an einer der angesehensten Hochschulen Amerikas mit dem Prädikat *magna cum laude*. Sein Vater Joe sorgte dafür, dass davon auch seine politische Karriere profitierte, denn er war fest entschlossen, seine Söhne in die höchsten Ämter Washingtons zu bringen. Die Diplomarbeit ließ er von einem erfahrenen Nachrichtenkorrespondenten redigieren und trat danach mit mehreren wichtigen Verlagshäusern in Kontakt. Das Buch, das schließlich unter dem ansprechenden Titel »Warum England geschlafen hat« erschien, verkaufte sich gut. Wichtiger noch war aber, dass Kennedy dadurch bereits mit Anfang 20 Zugang zu den einflussreichsten Akteuren in Washington gewann.

Die traurige Ironie dabei ist allerdings, dass sein Vater eine große Karriere in der Politik eigentlich eher Johns älterem Bruder Joseph zugetraut hatte, der nicht nur ehrgeiziger und disziplinierter, sondern auch akademisch erfolgreicher war. Dass diesen einige Jahre später ein tragisches Schicksal ereilen würde, konnte Joe zu diesem Zeitpunkt natürlich noch nicht wissen. Gleichwohl wollte der Patriarch für alle Eventualitäten vorsorgen und auch dem jüngeren Sohn den Weg in die Politik ebnen. Mit seinem prestigeträchtigen Abschluss, dem Erfolg seiner Diplomarbeit und den vom Vater hergestellten Kontakten zur politischen Elite stand auch Johns Aufstieg in Washington nichts mehr im Wege.

Der junge Held und sein Kriegsabenteuer

Nach Beendigung seines Studiums befanden sich aber erst einmal die Frauen im Fokus von Johns Interesse. Was seine berufliche Laufbahn anging, hatte er sich daran gewöhnt, dass der einflussreiche Vater die Weichen stellte. Sein eigener Ehrgeiz hielt sich entsprechend in Grenzen. Kurze Zeit liebäugelte der Harvard-Absolvent mit einem Promotionsstudium, registrierte sich jedoch schließlich für den Wehrdienst. Davor wollte sich der Lebenskünstler aber noch richtig austoben. Da er als eingeschriebener Student nicht eingezogen wurde und so einem möglichen Kriegseinsatz aus dem Wege gehen konnte, immatrikulierte sich John an der kalifornischen Stanford-Universität, wo er allerdings nur wenige Seminare besuchte.

Unsicher, was er mit seinem Studienabschluss und seiner Zukunft anfangen sollte, reiste John für mehrere Monate mehr oder minder ziellos durch Südamerika. Wie Freunde berichteten, ging es ihm dabei weniger um die Erweiterung des eigenen Horizonts als darum, »das Alphabet zu machen«, wie es in den USA umgangssprachlich heißt: Sein Ziel war es also, für jeden Buchstaben des Alphabets mit mindestens einer Frau geschlafen zu haben, deren Vorname mit dem betreffenden Buchstaben begann. Ein eitles Unterfangen, das zugleich bewies, wie unreif jener Mann mit Mitte zwanzig noch war, der gut 15 Jahre später zum Führer der freien Welt aufsteigen sollte.

Nach seiner Liebesodyssee in südlichen Gefilden wusste John immer noch nicht, welchen Karriereweg er einschlagen sollte. Erneut zog Vater Joe die Fäden und vermittelte seinem Sohn einen Job beim Aufklärungsdienst der US-Marine in Washington. Johns romantisches Interesse galt zu dieser Zeit der bildhübschen dänischen Journalistin Inga Arvad. Die Affäre nahm für Kennedy allerdings eine verhängnisvolle Wende: Arvad hatte enge Kontakte zu ranghohen Nazi-Offizieren und war 1936 sogar Hitlers persönliche Begleiterin bei den Olympischen Spielen in Berlin gewesen. Als Johns Vorgesetzte davon erfuhren, wurde der Fähnrich prompt aus der sensiblen Position entlassen und bekam einen administrativen Posten in South Carolina. Zu Tode gelangweilt, flehte er seinen Vater an, ihm einen spannenderen Job zu vermitteln.

Obwohl John wegen seiner gesundheitlichen Probleme sowohl bei der Armee als auch der Marine zuerst ausgemustert worden war, wurde er einige Monate später, nicht zuletzt durch die Unterstützung seines Vaters, doch noch für tauglich erklärt. John diente sich innerhalb weniger Monate zum Leutnant hoch und wurde prompt Kapitän eines Torpedoboots vom Typ PT-109. Kurz vor seinem 26. Geburtstag bekam er den Einsatzbefehl und nahm mit seiner 13-köpfigen Besatzung von der amerikanischen Westküste aus Kurs auf den Südpazifik, wo er japanische Kriegsschiffe unter Beschuss nehmen sollte. Dort aber nahm das Abenteuer einen tragischen Verlauf, als das Boot von einem japanischen Zerstörer gerammt wurde und zwei seiner Matrosen ertranken.

Erstmals hatte Leutnant Kennedy die Chance, jene Führungsqualitäten unter Beweis zu stellen, die ihm auch bei seiner späteren politischen Karriere zugutekommen sollten. Zusammen mit den überlebenden Besatzungsmitgliedern klammerte er sich im kalten Wasser an das Wrack des zerstörten Boots. Außerstande, SOS zu funken, kämpften die Matrosen

Kennedy als Marineoffizier (1942).

eine ganze Nacht lang ums Überleben. Als sich der Bootsrumpf 14 Stunden später mit Wasser füllte und langsam zu sinken begann, gab Kennedy den Befehl, zusammen zu einer nahegelegenen Insel zu schwimmen. Nach vier Stunden erreichten sie das knapp sechs Kilometer entfernte »Pudding Island«, einen winzigen, unbewohnten Landstreifen, der zu den Solomon Islands, einer britischen Kolonie, gehörte und später in »Kennedy Island« umbenannt wurde. Bald danach schwammen die Matrosen zu einer anderen kleinen Insel, auf der sie sich sechs Tage lang von Kokosnüssen und Wasser ernährten.

Die US-Marine entsandte keine Bergungsmannschaften und »bestattete« Kennedy und seine Matrosen in einer symbolischen Zeremonie. Niemand rechnete damit, dass auch nur ein einziges Besatzungsmitglied den Zusammenstoß mit dem 2000 Tonnen schweren Zerstörer überlebt hatte. Joe und Rose trauerten tagelang um ihren tot geglaubten Sohn. Dass die Mannschaft schließlich doch gerettet wurde, hatte sie dem australischen Leutnant Arthur Reginald Evans zu verdanken. Evans war einer jener »Küstenbeobachter«, die von den Alliierten nach dem Angriff auf Pearl Harbor eingesetzt worden waren, um feindliche Flottenbewegungen im Südpazifik zu verfolgen. Er hatte die nächtliche Explosion gesehen, und als er wenige Tage später von der Kollision hörte, vermutete er sofort, dass sich die Besatzungsmitglieder auf eine der nahegelegenen Inseln gerettet haben könnten.

Evans beauftragte zwei Einheimische, Biuku Gasa und Eroni Kumana, mit einem Kanu zu den Inseln zu fahren und nach den vermissten Matrosen zu suchen. Auf der Insel Olasana Island wurden sie fündig. Zunächst richteten sie jedoch ihre Waffen auf Kennedys Mannschaft. »Ich dachte, sie seien der

Der Kennedy-Clan

Rose Elizabeth Fitzgerald Kennedy, 1890–1995
Mutter von JFK; Ehefrau von Joe Kennedy, mit
dem sie insgesamt neun Kinder hatte. ∞

**Joseph Patrick (»Joe«)
Kennedy, Junior, 1915–1944**
älterer Bruder von JFK,
Leutnant bei der US-
Luftwaffe, starb mit 29 Jahren
bei einem Kampfeinsatz
über dem Ärmelkanal.

**Rosemary
Kennedy,
1918–2005**

**Kathleen
Agnes Cavendish,
1920–1948**

Jacqueline (»Jackie«) Lee Bouvier Kennedy, 1929–1994
Ehefrau von JFK und Mutter vierer gemeinsamer Kinder, von
denen eines tot geboren wurde und ein zweites kurz nach
der Geburt verstarb; Fotografin, Reporterin und Stilikone;
heiratete 1968 den griechischen Reeder Aristoteles Onassis. ∞

**John Fitzgerald
Kennedy,
1917–1963**

Caroline Kennedy, geboren 1957
das einzige Kind von JFK und Jackie, das
heute noch lebt; Juristin und langjährig
engagierte demokratische Politikerin; wurde
von Präsident Barack Obama im November
2013 zur US-Botschafterin in Japan ernannt.
∞

**John Fitzgerald Kennedy,
Junior, 1960–1999**
Sohn von JFK; Jurist und
Zeitschriftenverleger; kam
beim Absturz einer Cessna, die
er selbst steuerte, ums Leben.

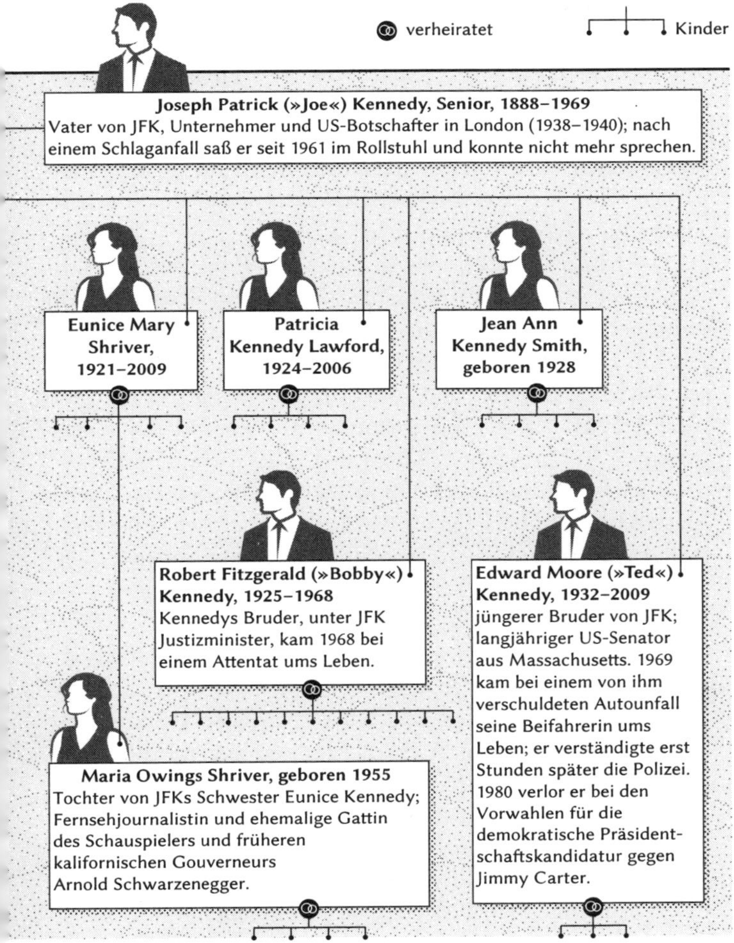

 verheiratet

 Kinder

Joseph Patrick (»Joe«) Kennedy, Senior, 1888–1969
Vater von JFK, Unternehmer und US-Botschafter in London (1938–1940); nach einem Schlaganfall saß er seit 1961 im Rollstuhl und konnte nicht mehr sprechen.

Eunice Mary Shriver, 1921–2009

Patricia Kennedy Lawford, 1924–2006

Jean Ann Kennedy Smith, geboren 1928

Robert Fitzgerald (»Bobby«) Kennedy, 1925–1968
Kennedys Bruder, unter JFK Justizminister, kam 1968 bei einem Attentat ums Leben.

Edward Moore (»Ted«) Kennedy, 1932–2009
jüngerer Bruder von JFK; langjähriger US-Senator aus Massachusetts. 1969 kam bei einem von ihm verschuldeten Autounfall seine Beifahrerin ums Leben; er verständigte erst Stunden später die Polizei. 1980 verlor er bei den Vorwahlen für die demokratische Präsidentschaftskandidatur gegen Jimmy Carter.

Maria Owings Shriver, geboren 1955
Tochter von JFKs Schwester Eunice Kennedy; Fernsehjournalistin und ehemalige Gattin des Schauspielers und früheren kalifornischen Gouverneurs Arnold Schwarzenegger.

japanische Feind, denn für mich sahen alle weißen Männer gleich aus«, erzählte Kumana Jahre später einem amerikanischen Nachrichtensender. Wie seine Untergebenen gegenüber der Marine berichteten, habe Kennedy die misstrauischen Retter aber »mit freundlichem Lächeln und versöhnlichen Gesten« überzeugen können, dass die elf »weißen Männer« keine Feinde waren und Hilfe brauchten. In eine Kokosnussschale schnitzte JFK eine Botschaft, die Gasa und Kumana ihrem Auftraggeber übermitteln sollten.

Die beiden Männer ruderten in ihrem Kanu durch feindliche Gewässer, in denen es von japanischen Kriegsschiffen wimmelte. Deren Besatzungen hatten zuvor andere Bergungsversuche verhindert, indem sie die Retter aus ihren Booten entführt, sie gefoltert und anschließend getötet hatten. Gasa und Kumana kamen jedoch unversehrt ans Ziel und überbrachten Evans Kennedys Botschaft. Der Küstenbeobachter ließ daraufhin die Mannschaft abholen und zu seinem Wachposten bringen. Bald danach wurden die Matrosen von einem anderen amerikanischen Torpedoboot geborgen und in Sicherheit gebracht.

Dass einige der Matrosen Kennedy Leichtsinn vorwarfen und meinten, er habe das Leben seiner Kameraden gefährdet, war irrelevant. Mit erst 26 Jahren war er über Nacht zum Kriegshelden aufgestiegen. Auch das Abenteuer im Südpazifik leistete damit einen wichtigen Beitrag zum Beginn einer steilen politischen Karriere. Nach seiner Rückkehr in die USA wurde er von Präsident Roosevelt mit dem »Purple Heart« ausgezeichnet, der Ehrenmedaille für die Kriegsverwundeten der US-Armee. In den darauffolgenden Jahren wurde das Abenteuer des Schnellboots PT-109 und seiner tapferen Besatzung, angeführt von dem charismatischen jungen Kennedy, zum

Gegenstand mehrerer Spielfilme, Fernsehserien und Bücher. Der Einstieg in die Politik erschien damit fast als eine Schicksalsfrage. JFKs erfolgreicher Überlebenskampf und dessen mediale Vermarktung hatten nicht nur Joseph Senior in dem Vorsatz bestärkt, nun womöglich beide Söhne in hohe Ämter zu befördern. Auch John hatte einen Vorgeschmack auf ein Leben im Rampenlicht bekommen und genoss den Heldenstatus sichtlich. Der junge Mann, der bisher nur widerwillig dem Druck des Vaters nachgegeben hatte und es vorgezogen hätte, an der Uni zu lehren, war nun bereit, sich ins Getümmel zu stürzen und sich auf eine Laufbahn als Politiker einzulassen.

Auf dem Weg nach oben

Vom Kriegshelden zum Volksvertreter

Die Erfahrungen der vorangegangenen Jahre hatten in Kennedy einen neuen Ehrgeiz entfacht. Am 12. August 1944 explodierte im Rahmen einer Spezialmission Joseph Juniors Flugzeug beim Start über dem Ort Blythburgh unweit der Nordseeküste. Nach diesem tragischen Tod seines älteren Bruders stand John unter noch größerem Druck seines Vaters, der im Hintergrund darüber bestimmte, wie der Einstieg seines Sohnes in die Politik erfolgen sollte. Diesmal aber zog John bereitwillig mit. Getreu dem Konkurrenzdenken, in dem die Kennedy-Brüder erzogen worden waren, war er nun fest entschlossen, jedes politische Rennen und jeden Wahlkampf, zu dem er antrat, für sich zu entscheiden. Tatsächlich zählt JFK zu der äußerst kleinen Gruppe von US-Politikern, die im Verlaufe ihrer Karriere in keinem einzigen Wahlkampf unterlagen.

Joe bestand darauf, dass sich sein Sohn auf seine Herkunft besann. John sollte seine Karriere in Massachusetts starten und dort, wie dies viele politische Anfänger taten, zuerst einen Anlauf auf das Repräsentantenhaus, die Unterkammer des amerikanischen Kongresses, nehmen. Doch sollte John nicht etwa in Brookline, wo er geboren worden war, oder einem der anderen noblen Vororte Bostons kandidieren, sondern dort, wo die Arbeiterklasse lebte, der auch seine irischen Vorfahren entstammten. Die Entscheidung fiel schließlich auf den elften Gemeindebezirk von Massachusetts, einen ärmeren Stadtteil von Boston, der damals einen hohen Anteil europäischer Einwanderer hatte, die auf der Suche nach dem »amerikanischen Traum« nach Neuengland gekommen waren. In dem Bezirk gaben die Wähler ihre Stimme fast immer einem demokratischen Kandidaten. Entscheidend war es für Kennedy daher, die Vorwahlen der demokratischen Partei zu gewinnen. In dem anschließenden Duell mit einem republikanischen Kandidaten, das hatte Joe Senior akkurat vorausgesagt, würde sein Sohn dann leichtes Spiel haben.

Erneut nutzte der Patriarch völlig ungeniert seine Verbindungen, um einem Familienmitglied einen sicheren Vorteil gegenüber der Konkurrenz zu verschaffen. So wurden enorme Summen in Zeitungsanzeigen und Radiospots investiert, und die Werbeplakate für John hingen in seinem Wahlbezirk an fast jeder Straßenecke. Auch umgab Joe den politisch unerfahrenen 28-Jährigen mit einem Team routinierter Berater und Wahlkampfmanager. Obwohl John nach wie vor kränklich und ständig erschöpft war, ließ er keine Gelegenheit aus, sich unters Volk zu mischen. Auf der Straße, in Restaurants und in Kneipen, bei Sportveranstaltungen und bei Volksfesten schüttelte er Hände und »küsste Babys«, bis heute ein Brauch, der für jeden US-Politiker, der erfolgreich sein will, unverzichtbar ist.

Seine Gegner beschimpften den aufstrebenden Politiker als reichen, verwöhnten Knaben, der keinen Bezug zu den Anliegen und Bedürfnissen der ärmeren Bevölkerungsschichten habe. Doch ließ Kennedy seine Kritiker bald verstummen. Problemlos gewann er im Frühjahr 1946 die demokratische Vorwahl. Als die Wähler dann im November zu entscheiden hatten, wer ihren Bezirk im Kongress vertreten sollte, ließ Kennedy seinem republikanischen Gegner Lester Bowen keine Chance und konnte fast 72 Prozent der Stimmen für sich verbuchen. Die erste Hürde war also genommen. Die Wahlkampfstrategie seines Vaters war voll aufgegangen, und mit erst 29 Jahren zog John als jüngstes Mitglied in das US-Repräsentantenhaus ein.

Zunächst tat sich der politische Neuling allerdings schwer, sich unter den 435 Mitgliedern des Kongresses irgendwie hervorzutun. Erfahrenere Parlamentarier hielten ihn für ein Leichtgewicht. Ebenso wie zuvor die Kritiker in Boston sahen sie in ihm einen oberflächlichen Charmeur, der seinen kometenhaften Aufstieg allein den Manipulationen seines ehrgeizigen und gut vernetzten Vaters zu verdanken hatte. John ließ sich davon aber nicht beirren. Relativ schnell setzte er sich als energischer Vorkämpfer für politische Belange in Szene, mit denen er sich als sozialliberaler Demokrat profilieren konnte: Er machte sich für eine Anhebung des Mindestlohns und eine Verbesserung der gesetzlichen Rentenversicherung stark und kämpfte gegen eine Aufhebung staatlicher Mietpreisbindungen.

Auch seine Auslandserfahrung war dem jungen Abgeordneten anzumerken. In der turbulenten Phase unmittelbar nach Kriegsende engagierte er sich stark in außenpolitischen Fragen und unterstützte den Marshall-Plan ebenso wie die Truman-Doktrin, die das Ziel verfolgten, einer Ausweitung des sowjetischen Einflusses, vor allem in Europa, entgegenzuwirken. Gleichwohl zögerte der immer selbstbewusster auftretende

Kennedy nicht, harte Kritik an seinem Parteifreund Präsident Truman zu üben. Überhaupt nicht einverstanden war er mit der US-Politik in Asien. Als Mao Tse-tung 1949 in China an die Macht kam, warf er dem Weißen Haus vor, eine weltverändernde Entwicklung verschlafen zu haben. »Wir haben China verloren«, schimpfte der Abgeordnete und zog sich mit seinen scharfen Worten den Zorn des Präsidenten zu. Nichtsdestotrotz hatte Kennedy in Washington seine Nische gefunden. Auf dem glatten politischen Parkett bewegte er sich mühelos, geschickt und mit bestechendem Charme. Mit 30 Jahren war er bereits ein anerkanntes Mitglied des »politischen Establishment«. Er war so beliebt, dass 1948 kein anderer Kandidat es wagte, ihn herauszufordern, und er in seinem heimatlichen Wahlbezirk 100 Prozent der Stimmen verbuchen konnte.

Turbulenter ging es dagegen im Anschluss an seine zweite Wiederwahl zu. Zwar wurde er auch 1950 in einem Erdrutschsieg als Abgeordneter bestätigt. Doch zwischenzeitlich hatte er sich mit einem erzkonservativen jungen Senator namens Joseph McCarthy angefreundet. Der Republikaner war fest davon überzeugt, dass sowjetische Geheimdienste die US-Regierung und den staatlichen Verwaltungsapparat infiltriert hatten – womit er nicht ganz unrecht hatte. McCarthy aber übertrieb maßlos und behauptete, dass über 200 russische Spione als teilweise ranghohe Beamte im amerikanischen Außenministerium tätig seien. Als Vorsitzender eines Senatsausschusses inszenierte McCarthy eine beispiellose Hexenjagd gegen alle, die in den USA auch nur in dem Verdacht standen, Kommunisten zu sein. Die unermüdliche Verfolgung der »Commies«, die McCarthy bis 1954 fortsetzen konnte, wurde unter dem Begriff »McCarthyism« bekannt. Auch wenn man die Kampagne vor dem Hintergrund des eskalierenden Kalten

Krieges sehen muss – 1950 traten die USA in den Koreakrieg ein –, äußerte sich in der unnötigen Diskriminierung und Verfolgung unzähliger »Verdächtiger« doch eine Paranoia, die traditionellen amerikanischen Werten deutlich zuwiderlief. Dass JFK es nie wagte, seinen Freund McCarthy und dessen Hetzkampagne zu kritisieren, brachte ihm gegen Ende seiner Zeit als Abgeordneter Kritik ein. Seinem Aufstieg in den Senat sollte dies jedoch keinen Abbruch tun.

Der Star im Senat

Seine Zeit im Repräsentantenhaus war für den jungen Politiker eine überaus erfolgreiche erste Station, aber der unbändige Ehrgeiz, den JFK von seinem Vater geerbt hatte, ließ sich damit nicht stillen. Sein erklärtes Ziel war es, eines Tages ins Oval Office einzuziehen. Joseph Senior und John waren sich einig, dass die nächste Station, um politische Erfahrung zu sammeln, nur der Senat sein konnte. Da das Gremium nur 100 Mitglieder hatte – gegenüber 435 im Repräsentantenhaus –, konnte er sich dort auch wesentlich besser profilieren. Erneut blieb nichts dem Zufall überlassen. Schließlich sind amerikanische Senatoren keine herkömmlichen Parlamentarier. Häufig kommen sie aus wohlhabenden Industriellenfamilien mit exzellenten politischen Kontakten. Ein Sitz im Senat ist auch wesentlich »teurer« als einer im Repräsentantenhaus. Heute kann die Organisation einer aussichtsreichen Wahlkampagne einen dreistelligen Millionenbetrag kosten, vor 65 Jahren war das kaum anders. An Geld fehlte es den Kennedys allerdings nicht, und Joe investierte beträchtliche Summen, um für seinen Sohn die Werbetrommel zu rühren. Außerdem mobilisierte er diesmal, anders als bisher, nicht nur seine sämtlichen Kontakte in die Politik, die Medien und die Geschäftswelt, sondern bezog auch die gesamte Familie mit ein.

In ganz Massachusetts veranstalteten Mutter Rose sowie Johns Schwestern Jean, Patricia und Eunice »Kennedy Teas« für den Senatskandidaten, zu denen Wähler beider großer Parteien eingeladen wurden. Es gab Livemusik, Gäste wurden mit Tee und Plätzchen verköstigt und lauschten den Vorträgen der Kennedy-Damen, die ihr Publikum davon überzeugen wollten, dass JFK der richtige Mann sei, um den außerordentlich populären amtierenden Senator Henry Cabot Lodge abzulösen. Johns jüngerer Bruder Robert (»Bobby«) wurde als Wahlkampfmanager eingespannt. Zudem rissen sich Tausende freiwilliger Helfer um die Chance, die Kampagne des Mannes zu unterstützen, der in seiner Partei mittlerweile den Status eines Rockstars hatte. Im November 1952 wurden die Bemühungen des Kennedy-Clans von Erfolg gekrönt. In einem relativ knappen Rennen konnte sich JFK gegen Lodge, der später übrigens US-Botschafter in Deutschland wurde, durchsetzen. Im Januar 1953 wurde er als Senator vereidigt. Eine wichtige Hürde auf dem Weg zum Oval Office hatte das »Team Kennedy« mit dem Patriarchen als Mannschaftskapitän damit genommen.

Mit nur 35 Jahren das jüngste Mitglied des elitären Senatorenklubs, erwies sich John schnell als außerordentlich engagierter Politiker. Im Gegensatz zu vielen seiner unnahbaren Kollegen wollte er für die Wähler von Massachusetts immer erreichbar sein und ein offenes Ohr für deren Wünsche und Anliegen haben. Häufig antwortete er persönlich auf Briefe aus seinem Heimatstaat. Auch war er im Laufe seiner Jahre im Repräsentantenhaus politisch nach links gerückt. Sein Vater

Joe genoss zwar sein Leben unter den Reichen und Mächtigen der High Society, doch er hatte zu keinem Zeitpunkt seine wenig glamouröse Herkunft aus einer Familie katholischer irischer Einwanderer verleugnet, die für alles selbst hatten kämpfen müssen. Allen seinen Kindern hatte er bereits in jungen Jahren eingeschärft, für sozial Schwächere und für Opfer von Diskriminierung einzutreten. Diese Überzeugung wurde in seinem Sohn dadurch noch weiter bestärkt, dass er als Abgeordneter des elften Wahlbezirks immer wieder mit Ärmeren, darunter auch vielen Einwanderern, in Kontakt gekommen war. Während der sechs Jahre im Repräsentantenhaus hatte er ein tiefes Mitgefühl für die Sorgen der ärmeren Bevölkerungsschichten und ein Verständnis für die schwierigen Herausforderungen entwickelt, vor denen sie im »Land der unbegrenzten Möglichkeiten« standen und bis heute stehen.

Während seiner ersten Amtszeit im Senat, wo jede Legislaturperiode sechs Jahre und nicht wie im Unterhaus nur zwei Jahre dauert, kämpfte JFK für Arbeitsmarktreformen und mehr Rechte für Arbeitnehmer. Außerdem plädierte der »Junior Senator«, wie Neugewählte in dem Gremium genannt werden, für eine deutliche Aufstockung der amerikanischen Wirtschaftshilfe für Entwicklungsländer. Aufsehenerregend war sein unumwundener Appell an die französische Regierung, Algerien aus der französischen Kolonialherrschaft zu entlassen. Damit bewies er eine bemerkenswerte politische Intuition, denn tatsächlich brach schon wenig später der Algerienkrieg aus, der acht Jahre dauerte und schließlich 1962 zur Unabhängigkeit des nordafrikanischen Landes führte. Aber auch in innenpolitischen Fragen tat sich Kennedy durch sein Engagement hervor. Ausgiebig befasste er sich etwa mit der entstehenden Bürgerrechtsbewegung, der er dann allerdings während seiner nur kurzen Amtszeit als Präsident deutlich weniger Aufmerksamkeit schenken sollte.

Zu Reibereien, vor allem mit demokratischen Parteifreunden, kam es erneut wegen Kennedys Beziehung zum Kommunistenhasser McCarthy. Zwar war die Freundschaft zwischenzeitlich abgekühlt. Doch der paranoide McCarthy hatte es mit seiner Hexenjagd in den vorangegangenen Jahren so weit getrieben, dass sich mittlerweile auch die meisten seiner Parteifreunde von ihm abgewandt hatten. Als der Senat sich 1954 entschied, ihn in einer Plenumsabstimmung formal zu rügen, glänzte JFK durch Abwesenheit. Dass ganz andere Gründe als die Loyalität zu McCarthy dafür verantwortlich waren, konnten Kennedys Kollegen freilich nicht wissen. Wegen der Addison-Krankheit, einer potenziell gefährlichen Nebennierenentzündung, die bereits sechs Jahre zuvor bei einer Reise nach Europa diagnostiziert worden war, hatte er sich einer komplizierten Operation unterziehen müssen. Die Rückenschmerzen, eine Folge der Krankheit, waren so intensiv, dass er in der elterlichen Ferienvilla in Florida monatelang nicht das Bett verlassen konnte. Joseph Senior wollte verhindern, dass die Öffentlichkeit von der Addison-Erkrankung und den zahlreichen anderen Leiden seines Sohnes erfuhr. Jeder Eindruck von Schwäche hätte Johns Karriere geschadet und ihn womöglich die Chance auf die Präsidentschaft gekostet.

Die Zeit in Florida nutzte Kennedy auch, an seinem Buch *Profiles in Courage* zu arbeiten. Das Buch, das 1956 unter dem Titel *Zivilcourage* auf Deutsch erschien, schildert die Schicksale von acht US-Senatoren, die sich durch Mut und Prinzipientreue ausgezeichnet und nicht gezögert hatten, politisch unbeliebte Entscheidungen zu treffen. Kennedys Werk wurde zu einem Bestseller und 1957 mit dem Pulitzer-Preis ausgezeichnet. Wie sich später heausstellte, hatte sich John allerdings mit fremden Federn geschmückt. Verfasst worden war *Profiles in Courage* fast vollständig von seinem Redenschreiber Theodore Sorensen. Dies war nur eines von vielen Geheimnissen, das die Familie mit Blick auf die politischen Ziele bewusst unter den Teppich gekehrt hatte.

Bereits während seiner ersten Amtsperiode im Senat kam JFK beinahe auf Tuchfühlung mit dem Präsidentenamt. 1956 nämlich war der populäre Senator einer der Favoriten als Anwärter auf die Vizepräsidentschaft unter dem demokratischen Spitzenkandidaten Adlai Stevenson. Damals konnten die Präsidentschaftskandidaten ihren designierten Stellvertreter nicht selbst wählen, sondern mussten sich der Entscheidung eines Parteikonvents beugen. Erst beim dritten Durchgang unterlag Kennedy knapp Estes Kefauver, einem Karrierepolitiker aus Tennessee. Die Niederlage entpuppte sich allerdings als Segen, denn Stevenson erlitt wenige Monate später bei der Wahl eine vernichtende Niederlage gegen den amtierenden Präsidenten Dwight D. Eisenhower. Seine politische Karriere war damit vorbei, während JFKs Ruf unbeschadet blieb. Wichtiger noch: Durch den Parteikonvent in Chicago, von dem die Medien im ganzen Land berichteten, war Kennedy mittlerweile nicht mehr nur den Wählern in Massachusetts bekannt. Vorschusslorbeeren also für den Himmelsstürmer und jungen Vater, dessen erstes Kind, Caroline, seine Frau Jackie gerade zur Welt gebracht hatte.

Ein Wahlbetrug?

1958 wurde Kennedy mit einem souveränen Wahlsieg für eine zweite Amtszeit im Senat bestätigt. Dort bemühte er sich um eine Gratwanderung zwischen den linksliberalen Anhängern des gescheiterten Präsidentschaftsanwärters Adlai Stevenson und konservativeren Demokraten aus den Südstaaten, die Johns Engagement für die Bürgerrechtsbewegung misstrauisch beäugten. Aus der Sicht von John und selbstverständlich auch aus der seines Vaters war der Beginn der neuen Amtsperiode allerdings nichts weiter als eine Generalprobe für die Präsidentschaft. Mindestens ebenso viel Zeit wie mit seinen Kollegen im Senat verbrachte Kennedy bei Vortragsveranstaltungen, zu denen er nun immer häufiger als Starredner eingeladen wurde. Faktisch dienten ihm diese stets gut besuchten Veranstaltungen als Plattform für seine bevorstehende Kampagne ums höchste Amt im Lande. Hilfreich war auch der Erfolg seines mit dem Pulitzer-Preis ausgezeichneten Buches.

Aufgrund seines Bekanntheitsgrads und seiner zunehmenden Popularität war der Senator der logische Favorit für die demokratische Präsidentschaftskandidatur 1960. Der Zeitpunkt war endlich gekommen, und um keinen Preis wollten sich Vater und Sohn die Chance, auf die Joe sein Leben lang hingearbeitet hatte, entgehen lassen. Kennedy verfügte wie zuvor bei seinen Kampagnen für das Repräsentantenhaus und den Senat über eine perfekt geölte Wahlkampfmaschinerie und konnte sich bei den demokratischen Vorwahlen problemlos durchsetzen. Widerwillig ließ sich Johns jüngerer Bruder Robert erneut als Leiter der Wahlkampagne einspannen. Der junge Jurist hatte eigentlich der Politik den Rücken kehren und eine Anwaltspraxis in Boston eröffnen wollen. Doch sein

Vater versprach ihm, dass er sich seinem Abgang in die Privatwirtschaft nicht weiter widersetzen werde, wenn er noch ein letztes Mal mitziehen würde – eine weitere Lüge, wie sich später herausstellen sollte.

Johns einziger ernstzunehmender Herausforderer innerhalb der demokratischen Partei war Senator Hubert Humphrey aus Minnesota, der dann 1965 Vizepräsident unter Lyndon B. Johnson wurde. Hartnäckigen Gerüchten zufolge hatte Humphrey nicht nur mit der Popularität JFKs zu kämpfen. Mit Unterstützung des legendären Mafiabosses Sam Giancana sollen Kennedys Anhänger einige der Vorwahlen, speziell im US-Staat West Virginia, manipuliert haben.

Im Sommer und selbst noch im Herbst 1960 galt der republikanische Spitzenkandidat Richard M. Nixon als klarer Favorit. Immerhin hatte er fast acht Jahre lang als Vizepräsident unter dem beliebten Eisenhower Erfahrungen im Weißen Haus gesammelt. Seinem Herausforderer warf er vor, mit seinen 43 Jahren noch zu jung und unerfahren zu sein, um dem Kreml in einem sich zuspitzenden Kalten Krieg die Stirn bieten zu können. Kennedy hielt dagegen, dass die USA gerade unter dem Gespann Eisenhower/Nixon gegenüber Moskau sowohl militärisch als auch wirtschaftlich an Boden verloren hätten und nur eine neue Führung das Ruder wieder herumreißen könne.

Eine entscheidende Rolle in der Kampagne spielten die vier Debatten zwischen den Präsidentschaftskandidaten, die zum ersten Mal live im Fernsehen übertragen wurden. Die erste war ein großer Erfolg für den demokratischen Kandidaten. Erneut griff Vater Joe tief in die Trickkiste und bewies sein in Hollywood entwickeltes Gespür für Image und Vermarktung. Maskenbildner sorgten dafür, dass der braungebrannte JFK jugendlich, dynamisch und vor allem kerngesund aussah. Kennedy kam deutlich telegener, frischer, schwungvoller und somit »präsidialer« herüber als Nixon, der unrasiert war und müde, blass und ein wenig ausgemergelt wirkte. Nur die wenigsten wussten, dass sich Nixon Wochen zuvor nach einem Wahlkampfauftritt das Knie verletzt hatte und ihn die Antibiotika, die er immer noch nehmen musste, körperlich erschöpften. JFK ging jedenfalls als klarer Sieger aus der Fernsehdebatte hervor, die eine Rekordeinschaltquote von 70 Millionen Zuschauern hatte. Wie wichtig Kennedys Telegenität war, beweist die Tatsache, dass eine Mehrheit unter denen, die das Rededuell im Radio verfolgt hatten, Nixon für den Sieger hielt. Nach Ansicht politischer Beobachter hatte Nixon bei den beiden darauffolgenden Debatten die Nase vorn. Diese hatten allerdings bedeutend niedrigere Einschaltquoten, während sich die Bilder der ersten Debatte in das Gedächtnis der Wähler eingeprägt hatten.

Gleichwohl hatte aber auch JFK einige Hürden zu nehmen. Viele Wähler konnten sich nicht mit dem Gedanken anfreunden, dass zum ersten Mal in der Geschichte ein Katholik Präsident der Vereinigten Staaten werden sollte. Bei Wahlkampfauftritten wiederholte Kennedy daher immer wieder den Slogan: »Ich bin nicht der katholische Präsidentschaftskandidat, ich bin der demokratische Präsidentschaftskandidat.« Und er versprach felsenfest, dass auch unter seiner Präsidentschaft die Trennung von Kirche und Staat garantiert sein und er nicht dulden werde, dass sich die katholische Kirche in die Politik einmische.

Das beherrschende Thema des Wahlkampfes war jedoch der Kalte Krieg. Die Sowjetunion hatte einige Jahre zuvor als erste Nation einen Satelliten (»Sputnik«) in eine Erdumlaufbahn geschossen. Außerdem war seit 1959 das direkt im Süden der USA gelegene Kuba unter den Einfluss Moskaus geraten. Dass sich diese Entwicklungen alle unter der Ägide von Eisenhower und Nixon vollzogen hatten, versuchte JFK bei jeder Gelegenheit als politische Schwäche seines Gegners zu brandmarken. Mit einem ausgesprochen geschickten Schachzug konnte er bei den schwarzen Wählern punkten, die ihm wegen seiner inkonsequenter gewordenen Haltung in Bürgerrechtsfragen nicht mehr so recht über den Weg trauten: Als der schon zu Lebzeiten legendäre Bürgerrechtler Martin Luther King bei einem friedlichen Protest in Georgia festgenommen und inhaftiert wurde, schaltete sich der Senator ein und konnte Kings rasche Freilassung erwirken.

Am 8. November folgte dann die (bis dahin) spannendste Wahlnacht in der US-Geschichte. Während Nixon die Hochrechnungen von seinem Hotelzimmer in Los Angeles aus verfolgte, hatten sich der gesamte Kennedy-Clan und die Wahlkampfmanager samt Assistenten im Familienanwesen der Kennedys in Hyannis Port auf der vor der Küste von Massachusetts gelegenen Insel Cape Cod versammelt. John litt wie so häufig unter unsäglichen Schmerzen und musste von Jackie gestützt werden, um vom Schlafzimmer zum Wohnzimmer zu gehen. Im Esszimmer werteten junge Volontäre fieberhaft jedes Zwischenergebnis aus. Als die Hochrechnungen aus New York, Boston, Washington und Philadelphia sowie den westlicher gelegenen Metropolen Pittsburgh, Cleveland und später Chicago eingingen, deutete alles auf einen Sieg des demokratischen Senkrechtstarters hin. Da sich die USA aber über drei Zeitzonen erstrecken, folgten die Ergebnisse aus dem Mittleren Westen erst ein bis zwei Stunden später, die aus Kalifornien und dem pazifischen Nordwesten sogar erst drei

Stunden später. Der Wahlabend entwickelte sich zu einer spannenden Zitterpartie, als Nixon langsam, aber sicher Boden gutmachen konnte. Plötzlich war das Duell um die Präsidentschaft wieder völlig offen. Am späten Abend war beiden Lagern klar, dass die Staaten Texas und Illinois darüber entscheiden würden, ob JFK seinen mittlerweile nur noch hauchdünnen Vorsprung würde behaupten können.

In dieser unklaren Situation strahlte allein der Patriarch Joe gelassene Siegessicherheit aus. Er bat Bobby in seine Bibliothek zu einem Vieraugengespräch, umarmte ihn und dankte ihm für seinen unermüdlichen Einsatz. »Ohne dich hätte Jack es nie geschafft, du hast ihn ins Weiße Haus befördert. Danke, Junge, dass du mir meinen Traum erfüllt hast«, soll Joseph Kennedy nach Bobbys Darstellung mit Tränen in den Augen gesagt haben. Als Bobby seinen Vater daran erinnerte, dass das Ergebnis nach wie vor auf der Kippe stand, habe er ihm geantwortet: »Texas und Illinois haben wir auch in der Tasche, das weiß ich.« Bobby runzelte die Stirn. Er war ratlos und leicht misstrauisch, schließlich hatte die ganze Familie über Jahrzehnte immer wieder erlebt, dass Joseph Senior bereit war, über Leichen zu gehen, wenn er ein Ziel vor Augen hatte. Wie sich später herausstellte, war das Misstrauen wahrscheinlich berechtigt.

Um Mitternacht wagte es die *New York Times* als erstes einflussreiches Medium, John Fitzgerald Kennedy zum Sieger zu erklären und ließ die Frühausgabe mit der Schlagzeile »Kennedy zum Präsidenten gewählt« erscheinen. Wie Chefredakteur Turner Catledge später berichtete, war er sich sicher, dass Kennedys »Verbindungen« in Chicago für einen Sieg in Illinois sorgen würden und dass sein Vizepräsidentschaftskandidat, der Texaner Lyndon B. Johnson, der Garant für einen Sieg in dessen hart umkämpftem Heimatstaat sein würde. Einen so knappen Wahlausgang hatte es in den USA gleichwohl noch nie gegeben, und so war Nixon auch erst am folgenden Nachmittag bereit, die Niederlage einzugestehen und seinem demokratischen Gegner zum Wahlsieg zu gratulieren.

Kaum hatte Kennedy Nixons Worte dankend entgegengenommen, kursierten bereits die ersten Gerüchte um angebliche Wahlmanipulationen. Besonderer Beliebtheit erfreute sich die Theorie, Joseph Kennedy habe einen Deal mit dem als korrupt geltenden Bürgermeister von Chicago, Richard J. Daley, und Mafiaboss Giancana geschlossen. Demnach hätten beide Druck auf die Gewerkschaften ausgeübt, ihre Mitglieder zur Stimmabgabe für Kennedy zu bewegen. Judith Exner, eine Geliebte sowohl des Kandidaten als auch des mächtigen Gangsters, die damals noch Judith Campbell hieß, berichtete fast dreißig Jahre später in ihren Memoiren, dass John ihr gesagt habe, er »werde bei dieser Wahl Hilfe brauchen«. Daraufhin habe sie nicht weniger als neun persönliche Begegnungen zwischen JFK und Giancana organisiert. Zudem will sie mehrmals dabei gewesen sein, als der Präsidentschaftskandidat dem Mafia-Mann »mysteriöse Umschläge« überreicht habe. Ähnliches berichtete Tina Sinatra, die Tochter des legendären Sängers Frank Sinatra, der ein enger Freund des Kandidaten war. In einem Fernsehinterview behauptete sie 2008, dass Joe Kennedy an ihren Vater herangetreten sei und ihn gebeten habe, Kontakte zur Mafia herzustellen, die wiederum die Gewerkschaften unter Druck setzen sollte.

Die Verdachtsmomente beschränkten sich keineswegs auf die Aussagen Dritter. So erhielt Kennedy in einigen texanischen Wahlbezirken mehr Stimmen, als dort Menschen lebten. An den Ergebnissen wurde dennoch nicht gerüttelt, schließlich bestand die zuständige texanische Wahlkommission ausschließlich aus Demokraten. Verdächtig waren auch die Auszählungen in Illinois, wo das Ergebnis in der Millionenstadt Chicago fast allein darüber entschied, welcher Präsidentschaftskandidat die Wahlmänner des Bundesstaats für sich gewinnen konnte. In der Stadt konnte JFK einen Vorsprung von schier unvorstellbaren 456 000 Stimmen für sich verbuchen. Den Republikanern nahestehende Organisationen fochten die Auszählung zwar vor Gericht an, doch ein Bezirksrichter, der zur berüchtigten »Daley Machine«, dem Einflusskreis des mächtigen Chicagoer Bürgermeisters, zählte, wies die Klagen prompt ab. Der Richter wurde vom neuen Präsidenten später mit der Berufung an ein Bundesgericht belohnt.

Angesichts der zahlreichen Unstimmigkeiten wollten sich führende Vertreter der Oppositionspartei nicht so leicht geschlagen geben. Sie forderten Neuauszählungen sowie den Einsatz eines Untersuchungsausschusses durch den Kongress. Schließlich hatte Kennedy nur einen Vorsprung von 112 000 Direktstimmen, also von mageren 0,17 Prozentpunkten, und hätte Nixon in Texas und Illinois gewonnen, dann wäre er schon 1961 Präsident geworden. Doch ausgerechnet der Verlierer, Richard Nixon selbst, warf das Handtuch und lehnte eine Neuauszählung der Stimmen ab. Er befürchtete, dass dies die Nation in einer historisch wichtigen Phase gespalten und Amerika gegenüber der Sowjetunion schwach und unentschlossen gewirkt hätte. Als der neu gewählte Präsident dann seinen jüngeren Bruder Robert zum Justizminister ernannte, wurde weiteren Vorstößen der Republikaner, die sich als Opfer eines massiven Wahlbetrugs fühlten, endgültig ein Riegel vorgeschoben. In einer seiner ersten Amtshandlungen ordnete Bobby an, dass sämtliche Ermittlungen auf Bundesebene, die Ungereimtheiten bei der Wahl zum Gegenstand hatten, eingestellt werden sollten. Die Politiker hatte er damit mundtot machen können, nicht aber Verschwörungstheoretiker und neugierige Reporter. Viele von ihnen sind bis heute der festen Überzeugung, Patriarch Joseph habe mit der aktiven Kooperation seiner Söhne John und Bobby eine ganze Nation hinters Licht geführt und den größten Wahlbetrug in der Geschichte inszeniert.

Kennedy privat

Seine Traumfrau auf dem Weg zum Traumjob

Das bedeutendste Ereignis in den Jahren vor seiner Wahl zum Präsidenten war für Kennedy gar nicht politischer Natur. Zumindest nicht auf den ersten Blick. Am 12. September 1953 heiratete JFK, damals 36 Jahre alt, die 12 Jahre jüngere Jacqueline Lee Bouvier, eine Fotojournalistin, die ihm anderthalb Jahre zuvor auf einer Party in Washington von einem gemeinsamen Bekannten vorgestellt worden war. Wie ihr Mann entstammte Jackie einer wohlhabenden Familie, hatte allerdings im Gegensatz zu diesem eine deutlich schwierigere Kindheit. Ihr Vater, John Vernou Bouvier, war ein zwielichtiger Börsenmakler, Alkoholiker und Frauenheld. Weil sein Gesicht zu jeder Jahreszeit braungebrannt war, wurde der eitle Finanzier auch »Blackjack« genannt. Doch wenige Monate nach Jackies Geburt brachen die Börsen ein, und Bouvier verlor am »Schwarzen Freitag« und während der anschließenden Weltwirtschaftskrise, der »Großen Depression«, durch leichtsinnige Fehlinvestitionen und seinen verschwenderischen Lebensstil fast alles, was von dem Familienvermögen noch übriggeblieben war. Die Atmosphäre im Elternhaus war ständig gereizt und von lauten Wortgefechten zwischen dem Vater und Jackies Mutter Janet geprägt.

Als Jackie elf Jahre alt war, ließen sich die Eltern scheiden, was für das junge Mädchen aus mehreren Gründen ein traumatisches Erlebnis war. Sie hatte buchstäblich Angst, das Dach über dem Kopf zu verlieren, denn das Geld, das ihr Vater noch nicht für Geliebte und Alkohol ausgegeben hatte, verspielte er nun im Kasino. Janet, Jackie und ihre jüngere Schwester Caroline Lee Bouvier lebten dagegen von der Hand in den Mund. Erst als der Großvater einsprang und ihnen unter die Arme griff, hatten sie wieder eine gewisse finanzielle Sicherheit. Jackie berichtete allerdings später, auch danach immer in Angst vor Armut gelebt zu haben. Schließlich war es keineswegs selbstverständlich, dass ihre Großeltern Janet und den heranwachsenden Enkelinnen jahrelang einen luxuriösen Lebensstil ermöglichten.

Die Trennung der Eltern belastete die beiden Mädchen aber auch noch aus einem anderen Grund. Wie die Kennedys waren die Bouviers Mitglieder der katholischen Kirche, und in jenem sozial konservativen Milieu, in dem die Schwestern aufwuchsen, wurde eine Scheidung als unchristlich angesehen und war verpönt. Als die Mädchen deshalb zum Gespött ihrer Schulkameraden und der Nachbarskinder wurden, reagierte Jackie mit stillem Protest. Als Teenager schirmte sie sich von der Außenwelt ab und suchte sich ruhige Plätze in der Natur, wo sie ungestört über ihr Leben und ihre Träume für die Zukunft nachdenken konnte. Sie entwickelte sich zu einer eifrigen Leseratte und las viele Romane, aber auch Bücher über Literatur, Politik, Geschichte und andere Themen. Daneben tanzte sie in ihrer Freizeit Ballett und war zudem eine leidenschaftliche Reiterin.

Kurz vor Jackies dreizehntem Geburtstag heiratete ihre Mutter erneut. Diesmal hatte sie mit Hugh Auchincloss, einem schwerreichen Investmentbanker aus Rhode Island, der einer der Erben des Ölkonzerns Standard Oil war, eine glänzende Partie gemacht. Der komfortable Lebensstil der Bouvier-Frauen, die nun auf den weitläufigen Anwesen ihres Stiefvaters in Rhode Island und dem Washingtoner Vorort McLean lebten, war damit gesichert. Hugh war vor allem für Jackie eine wahre Vaterfigur. Er verwöhnte sie, schickte sie auf die besten Schulen und gab den Schwestern jenes Gefühl von Geborgenheit, das sie während ihrer ganzen Kindheit vermisst hatten.

Jackie hatte nun auch die Möglichkeit, ihren enormen Wissensdrang und ihre Abenteuerlust auszuleben. Auchincloss ermöglichte seiner Stieftochter, die mittlerweile zu einer auffallend schönen jungen Frau herangewachsen war, das Studium am elitären Vassar College. Später studierte sie an der Sorbonne und entwickelte während ihres Jahres in Paris eine ausgeprägte Liebe zur französischen Kultur. Schon immer hatte sie sich für die Herkunft ihrer Familie interessiert. Dass sie von einem bedeutenden französischen Adelsgeschlecht abstammte, war freilich eine Erfindung ihres leiblichen Vaters, der damit nicht zuletzt seinen gesellschaftlichen Aufstieg befördern wollte. Kurz bevor sie ihren künftigen Mann kennenlernte, zog sie nach Washington und erwarb an der George Washington University ihr Diplom in französischer Literatur. Bald danach bekam die neugierige und weltoffene junge Frau, die mittlerweile jene Unsicherheiten abgelegt hatte, die ihre traumatische Kindheit geprägt hatten, ihren ersten Job als Reporterin bei der *Washington Times-Herald*.

Auf dem glatten Washingtoner Parkett, auf dem sich Diplomaten, Politiker und Lobbyisten tummelten, machte die bildhübsche 22-Jährige eine glänzende Figur. Ihre frühere Unsicherheit und Reserviertheit waren einem anmutigen und zugleich selbstbewussten und extrovertierten Auftreten gewichen. Jackies Bildung und ihr überschäumender Enthusiasmus bestachen ebenso wie ihre Schönheit, und an Verehrern mangelte es nie. Als sie der Zeitungskorrespondent Charles Bartlett im Mai 1952 auf einer Party dem charismatischen jungen Abgeordneten John F. Kennedy vorstellte, erinnerte sie ihn an eine Begegnung vier Jahre zuvor, als Jackie noch Studentin gewesen war. Das kurze Gespräch in einem Zug in der Nähe von Boston hatte John allerdings komplett vergessen. Jackie scherzte nun über seinen Ruf als Casanova, der sich natürlich nicht an jeden Flirt erinnern könne, und begegnete dem berüchtigten Frauenheld entsprechend misstrauisch. Doch wie Bartlett später erzählte, »war der Funke sofort übergesprungen, bei beiden«.

Als John sie anschließend zum Auto begleiten wollte, erlebte er eine große Überraschung: Am Steuer saß Jackies Verlobter. In seinen Eroberungsplänen ließ er sich davon allerdings nicht im Geringsten beirren, und tatsächlich ging die Verlobung bald in die Brüche. Während der folgenden Monate sahen sich die frisch Verliebten nur sporadisch. Jackie wurde zu Interviews und Reportagen auf Reisen geschickt. John war mit seiner Kandidatur für den Senat beschäftigt und folglich ebenfalls ständig unterwegs. Wie gehabt, machte er eine Eroberung nach der anderen, verlor dabei aber seine Traumfrau nicht aus den Augen. Ab November 1952 sahen sie sich wieder häufiger, und im Juni des nächsten Jahres wurde schließlich die Verlobung des Paares bekanntgegeben.

Schon die Hochzeit am 12. September 1953 und der anschließende, geradezu dekadente Empfang auf einem der

John und Jackie am Tag ihrer Hochzeit, 12. September 1953;
links: Bobby Kennedy.

zahlreichen Kennedy-Anwesen waren wie die gesamte Ehe
Bestandteil eines Medienspektakels. Vater Joe wollte der amerikanischen Öffentlichkeit seinen Sohn als attraktiven, charismatischen und erfolgreichen jungen Senator im heiratsfähigen
Alter präsentieren. Und Jackie war die perfekte Partnerin:
Bildhübsch, ebenfalls einer aristokratischen Familie entstam-
mend, intelligent, gebildet und mit geschliffenem Auftreten,
war sie der Inbegriff der Eleganz.

Die Frau, die später zur berühmtesten und fraglos glamou-
rösesten »First Lady« in der Geschichte der Vereinigten Staaten
werden sollte, begleitete den ehrgeizigen Politiker durch eine

unbeschreiblich turbulente Dekade. Während sie von der Öffentlichkeit angehimmelt wurde und stets mit Eleganz und Würde auftrat, litt sie zugleich unsäglich unter den amourösen Eskapaden ihres begehrten Mannes. Selbst auf Partys, zu denen sie gemeinsam eingeladen waren, knüpfte John neue Frauenbekanntschaften und zog sich mit ihnen ungeniert zu einem Schäferstündchen in ein Nebenzimmer zurück.

Schmerzhafter als Johns ständige Seitensprünge war für Jackie die Erkenntnis, dass der Mann, den sie verehrte und dem sie sich bedingungslos hingegeben hatte, sie nicht allein aus Liebe geheiratet hatte. In den ersten Jahren belauschte sie mehrmals die »Beratungsrunden«, in denen ihr Schwiegervater mit John und seinem jüngeren Bruder Bobby über ihre »strategischen Vorteile« für die anvisierte Präsidentschaftskampagne sprach. Die junge Mutter fühlte sich ausgenutzt, litt unter Depressionen und soll nach Darstellung von Bekannten und Familienmitgliedern mehrmals an Selbstmord gedacht haben.

Als die endlosen Seitensprünge ihres Mannes Jackie immer lauter über eine Scheidung nachdenken ließen, musste Patriarch Joe als Krisenmanager einspringen. Zuerst versuchte er ihr klarzumachen, dass eine schlagzeilenträchtige Trennung das Ende von Johns politischer Karriere bedeuten würde. Als der Appell an ihr Gewissen nicht reichte, um sie von ihren Plänen abzubringen, versuchte der unbarmherzige Schwiegervater, sie zu bestechen. Er versprach ihr eine schriftliche Garantie, dass bis an ihr Lebensende für ihre finanzielle Sicherheit und einen luxuriösen Lebensstil gesorgt sei, wenn sie wenigstens bis zum Ende von zwei jeweils vierjährigen Amtsperioden an Johns Seite bleiben würde. Das manipulative Familienoberhaupt wusste, dass Jackie seit ihrer schwierigen

Kindheit vor nichts so große Angst hatte wie vor einem Leben in Armut.

Auch wenn ihre Beziehung zu John und dessen Familie alles andere als einfach war, spielte Jackie in der Öffentlichkeit ausnahmslos die glückliche Ehefrau, ertrug alle Demütigungen und stand ihrem Gatten bis zu dessen Tod mit unerschütterlicher Loyalität zur Seite. Selbst als die Gerichtsmediziner nach dem Attentat in Dallas Johns Leiche wegtransportieren wollten, ließ sie seine Hand nicht los. So gesehen ist es kaum verwunderlich, dass sie auch heute noch zu den angesehensten Frauen der amerikanischen Geschichte zählt.

Die Geliebte und der Mafia-Boss

In der Wahrnehmung der Öffentlichkeit waren John und Jackie das perfekte Ehepaar. Wie leichtsinnig JFK sein Privatleben aber in Wirklichkeit gestaltete, bewies eine Affäre, die bald nach seinem Amtsantritt als Präsident begann. Unangekündigt und ohne einen Termin mit dem Präsidenten zu haben, erschien FBI-Chef J. Edgar Hoover im Frühjahr 1961 im Weißen Haus und bat um eine dringende Unterredung mit dem Präsidenten und seinem Justizminister, Bobby Kennedy. Bobby witterte Unheil. Schließlich hatte er mit dem FBI-Chef wenige Tage zuvor eine heftige Auseinandersetzung gehabt. Als Hoover im Fernsehen Bobbys Ernennung durch den Präsidenten verfolgte, schimpfte er, er werde »niemals Befehle von diesem Flegel entgegennehmen«. Bei der ersten persönlichen Begegnung zwischen dem neuen Justizminister und dem FBI-Chef erreichten die Spannungen sogleich einen Höhepunkt. Bobby ordnete an, dass sämtliche Presseerklärungen des FBI zunächst von seinem Ministerium genehmigt werden sollten. »Junger Mann, es ist nicht Ihre Sache, das zu entscheiden«, schimpfte Hoover, woraufhin Bobby erwiderte: »Sprechen Sie mich ab sofort mit Herr Minister an.« Hoover schäumte vor Wut, stürmte aus dem Büro und schwor Rache. Als ein Berater ihn darauf hinwies, dass Bobby eine blütenreine Weste habe und man folglich nur schwer etwas gegen ihn unternehmen könne, antwortete Hoover: »nicht aber sein Bruder, dessen Drang nach Sex grenzt an Sucht«.

Als die Brüder Hoover nun im Kabinettsraum trafen, öffnete der FBI-Chef prompt einen Umschlag, aus dem er einen Stapel Schwarz-weiß-Fotos zog. Zu sehen war darauf eine schlanke, dunkelhaarige und auffallend attraktive junge Frau namens Judith Campbell. Hoover wusste, dass JFK schon seit geraumer Zeit eine Affäre mit der 17 Jahre jüngeren Campbell hatte, die ihm der Entertainer Frank Sinatra, damals noch ein guter Freund Kennedys, im Februar des Vorjahres in Las Vegas vorgestellt hatte. Kennedy war damals noch Senator gewesen und hatte gerade seine Präsidentschaftskampagne eingeläutet. Hoover ließ die Kennedy-Brüder wissen, dass die geheimen Aufnahmen am Vorabend gemacht worden waren, als Campbell kurz nach 23 Uhr den Westflügel des Weißen Hauses betreten hatte. Jackie hatte sich bereits tags zuvor auf den Familiensitz in Hyannis Port zurückgezogen, und der Präsident nutzte wie so häufig die »sturmfreie Bude« für seine Affäre. Der FBI-Chef klärte sie außerdem darüber auf, warum man ausgerechnet Campbell auf dem Radar hatte: Die junge Dame war auch mit dem legendären Mafia-Boss Sam Giancana eng befreundet, seinerzeit der mächtigste Gangster in den Vereinigten Staaten.

Unter normalen Umständen, so Hoover, würde sich das

FBI nicht in das Privatleben des Präsidenten einmischen. Durch Campbells Beziehung zu Giancana sei die Affäre allerdings ein sicherheitspolitisches Risiko, und es sei nicht auszuschließen, dass der Mafia-Mann Kennedys Liebesbeziehung mit der 27-Jährigen nutzen wolle, um den Präsidenten zu erpressen. Er mahnte ihn daher zu äußerster Vorsicht. Als er sich verabschiedete, wandte er sich zu Bobby und wünschte ihm, wie Historiker berichten, zynisch »einen schönen Tag, Herr Minister«. Die Arroganz und Kontrollsucht, mit der Bobby gegenüber dem mächtigen Direktor des FBI aufgetreten war, hatte sich also schon nach wenigen Tagen gerächt.

Der Präsident schlug Hoovers Rat allerdings in den Wind und demonstrierte damit einmal mehr jenen Leichtsinn, der ein Markenzeichen der Kennedy-Männer war. Er setzte nicht nur die Affäre unbeirrt fort, sondern nutzte Campbells Verbindung zu Giancana auch, um Begegnungen mit dem Gangster zu arrangieren. Wie bereits berichtet, hatte Campbell, die später auch eine Affäre mit Giancana hatte und nach ihrer zweiten Heirat den Namen Campbell Exner annahm, mehrere geheime Begegnungen zwischen Kennedy und Giancana eingefädelt. Auch habe sie von JFK häufig den Auftrag bekommen, quer durchs Land zu reisen, um dem Mafia-Boss Umschläge mit Bargeld zu übergeben. In einem späteren Interview behauptete sie, dass die Umschläge Anzahlungen für ein Attentat auf Fidel Castro enthalten hätten. »Dass er mich mit diesen Kurierdiensten in persönliche Gefahr bringen kann, ist Jack noch nie durch den Kopf gegangen«, sagte Exner. »Die Kennedys spielen und leben nach ihren eigenen Regeln, und an die Konsequenzen wird nicht gedacht.« Auch wenn einige Historiker Campbells Darstellung für bare Münze nehmen, konnte ihre Schilderung der Abläufe nie zweifelsfrei bestätigt werden. Im Herbst 1962 schwängerte JFK seine Geliebte und brach bald danach die Beziehung zu ihr ab. Auf Drängen der mächtigen Familie ließ Campbell das Baby abtreiben.

Die Affäre mit Campbell war nur eine von mehreren Dutzend, auf die sich JFK während seiner nur 34 Monate währenden Amtszeit einließ. Ein Schürzenjäger war er nach Darstellung von Freunden und Klassenkameraden bereits während seiner High-School-Jahre gewesen. Mit seinen sexuellen Eskapaden stellt er selbst andere berühmte Frauenhelden im Weißen Haus wie Thomas Jefferson oder Bill Clinton in den Schatten. Über die Gründe dafür wurden in den letzten Jahrzehnten diverse Theorien gesponnen. Den meisten der pseudo-psychologischen Analysen zufolge war JFKs unersättliche Sucht nach Sex eine Kompensation, ein Ventil, durch das er die aufgestauten Frustrationen, die er im Verlauf seiner Jugend erlebt hatte, abreagieren konnte. Dazu zählten etwa der unnachgiebige Druck des dominanten Vaters und das etwas distanzierte Verhältnis zu seiner Mutter Rose, die ihrem jüngsten Sohn Bobby immer nähergestanden hatte als John. Auch die Einnahme cortisonhaltiger Schmerztabletten, die angeblich den Sexualtrieb deutlich verstärken, könnte eine Rolle gespielt haben. Vielleicht hat aber auch einfach der frühere Kongressabgeordnete Frank Thompson, der gemeinsam mit JFK im Repräsentantenhaus saß, den Nagel auf den Kopf getroffen, der meinte: »Da gibt's nicht viel zu analysieren, Jack liebte einfach Mädchen und konnte es nicht lassen.« Während seiner gesamten Karriere, so Thompson, habe sich Kennedy immer »mit einem wahrhaftigen Sammelsurium an Frauen umgeben«. Die Frauen, die später auspackten, berichteten übereinstimmend, dass JFK ein selbstsüchtiger Liebhaber war, dem es allein um die Zahl seiner Eroberungen und die eigene Befriedigung ging.

»Ranglisten« von jenen Frauen, die Kennedy während seiner Amtszeit erobert haben soll, gibt es in Hülle und Fülle. Sein enger Berater und Vertrauter Dave Powers, der dem Präsidenten viele seiner Geliebten vermittelte, sprach von »mehreren Dutzend«. Die wahre Zahl dürfte deutlich höher liegen. Schließlich ließ Kennedy jeden, der es hören wollte, von Freunden und engen Vertrauten bis hin zu ausländischen Staatsgästen, wissen, dass er »Kopfschmerzen bekomme, wenn ich nicht jeden Tag Sex habe«. Von wenigen Ausnahmen abgesehen, achtete er allerdings darauf, dass Jackie nicht in der Nähe war. Entweder war er selbst ohne sie auf Reisen, oder die First Lady war gerade nicht im Weißen Haus. Jackie zog sich des Öfteren mit den Kindern nach Hyannis Port zurück, manchmal für ein verlängertes Wochenende, andere Male für mehrere Wochen, um sich vom Stress der vorgespielten heilen Welt zu erholen.

Viele meinen, dass JFK für seine sexuelle Befriedigung eiskalt seine Macht ausnutzte, in einigen Fällen auf geradzu kriminelle Weise. Der krasseste Fall von möglichem Amtsmissbrauch war seine Beziehung zu der damals gerade 19-jährigen Mimi Alford, die im Weißen Haus eine Stelle als unbezahlte Praktikantin angenommen hatte. Bereits am vierten Tag im neuen Job fragte Powers den Teenager aus New Jersey, ob sie mit einigen anderen Mitarbeitern die Mittagspause im Schwimmbad des Weißen Hauses verbringen wollte. (Das Hallenbad, das heute nicht mehr existiert, wurde unter Nixon zum Presseraum umgebaut.) Die unbedarfte, noch jungfräuliche Alford fühlte sich geschmeichelt und traute ihren Augen nicht, als der Präsident plötzlich zu ihr herüberschwamm. Spä-

Kennedys berühmteste Affären

◆ **Marilyn Monroe (1926–1962)**, Filmstar und Sexsymbol, lernte Kennedy Anfang 1962 durch einen gemeinsamen Bekannten in einem New Yorker Hotel kennen. Wegen der zunehmenden öffentlichen Spekulationen beendete Kennedy die Affäre, nachdem Monroe ihm aus Anlass seines 45. Geburtstags im New Yorker Madison Square Garden eine sinnliche Version des Lieds »Happy Birthday« vorgetragen hatte. Monroe starb wenige Monate später an einer Überdosis Schlaftabletten.

◆ **Mimi Alford (* 1943)** lernte den Präsidenten 1961 bei einer Pool-Party im Weißen Haus kennen. Kennedy verführte die damals erst 19-jährige Praktikantin, die zu diesem Zeitpunkt noch Jungfrau war, nach einer privaten Führung durch die Residenz. Die Affäre dauerte etwa anderthalb Jahre. Alford schrieb später ein Buch über ihre Liebesbeziehung zum Präsidenten.

◆ **Marlene Dietrich (1901–1992)** hatte bereits eine Affäre mit JFKs Vater Joseph Kennedy Senior; die deutsche Filmschauspielerin wurde von JFK 1963 vor einem Bühnenauftritt in Washington ins Weiße Haus eingeladen, wo er

ter lud er Mimi ein, abends an einem Umtrunk in seinem Privatquartier teilzunehmen. Dort bot Jack der jungen Frau, die keine Ahnung hatte, welche Motivation sich hinter der Offerte verbarg, eine private Führung durch das Weiße Haus an. Ausgerechnet im Schlafzimmer der First Lady verführte er dann seine ebenso naive wie unerfahrene Untergebene – ein sie ebenfalls verführte; Dietrich beschrieb die Avancen des Präsidenten später als tollpatschig und berichtete, Kennedy sei sofort nach dem Sex eingeschlafen.

- **Judith Campbell Exner (1934–1999)** lernte Kennedy mit 27 Jahren durch die Vermittlung von Frank Sinatra kennen. Campbell wurde vom FBI beobachtet, weil sie zu dieser Zeit enge persönliche Kontakte zu führenden Vertretern der Mafia hatte. FBI-Chef J. Edgar Hoover warnte JFK, dass er sich durch die Beziehung zu Campbell womöglich erpressbar mache, doch dies hielt Kennedy nicht davon ab, die Beziehung fortzusetzen.
- **Ellen Rometsch (* 1936)** lernte Kennedy mit 27 Jahren auf einer der Nacktparties kennen, die er regelmäßig im Schwimmbad des Weißen Hauses veranstaltete. Rometsch war die Frau eines deutschen Unteroffiziers, der an der Botschaft in Washington arbeitete, und zugleich Mitarbeiterin eines Edelbordells, das von zahlreichen Politikern frequentiert wurde. Bobby versuchte vergeblich, seinen Bruder davon zu überzeugen, die Affäre zu beenden, da Rometsch in dem Verdacht stand, für die DDR zu spionieren. Als Justizminister sorgte Bobby dafür, dass Rometsch im August 1963 in die Bundesrepublik ausgewiesen wurde.

weiteres Beispiel für Kennedys geradezu provokante Unverfrorenheit. Danach begleitete Alford JFK häufig auf privaten wie dienstlichen Reisen. Die Affäre dauerte gut eineinhalb Jahre.

Mimi Alford war nicht die einzige Angestellte, gegenüber der Kennedy seine Position ausnutzte. So schlief er zum Beispiel auch mit Jackies Pressesprecherin und den beiden Sekretärinnen des Weißen Hauses Jill Cowen und Priscilla Wear. Beide machten weniger durch ihre administrativen Kenntnisse von sich reden als durch ihre häufige Teilnahme an den Nacktparties, die Jack seit dem Frühjahr 1963 im Schwimmbad der Präsidentenresidenz veranstaltete. Auch sie begleiteten ihn auf zahlreichen Reisen.

Nicht nur im Fall der Campbell-Affäre störte sich der Präsident auch nicht daran, staatliche Sicherheitsinteressen durch seine amourösen Abenteuer zu gefährden. So zählte etwa die gebürtige Ostdeutsche Ellen Rometsch zu den Stammgästen der Nacktparties. Die 27-Jährige war mit einem bundesdeutschen Unteroffizier verheiratet, der in der militärischen Abteilung der deutschen Botschaft in Washington tätig war. Quasi »nebenberuflich« arbeitete Rometsch in einem Edelbordell, das von Senatoren, Abgeordneten und anderen Entscheidungsträgern in Washington frequentiert wurde. Mehrmals ließ Kennedy die Deutsche in Jackies Abwesenheit ins Weiße Haus kommen, um sich mit ihr zu vergnügen. Bobby hatte seinen Bruder zwar zu überzeugen versucht, dass ein Bekanntwerden der Affäre seine Wiederwahl gefährden könnte, und ihn auch darüber in Kenntnis gesetzt, dass Rometsch nach vorliegenden Informationen möglicherweise eine ostdeutsche Agentin war, doch Jack ignorierte die Warnungen. Die Beziehung endete erst, als das Justizministerium die Prostituierte wegen staatsschädigenden Verhaltens des Landes verweisen ließ.

Eine besondere Affinität hatte JFK, selbst fraglos der »Rockstar« unter den amerikanischen Präsidenten, zu den Stars der Unterhaltungsindustrie. Eng befreundet war er eine Zeitlang mit dem gut vernetzten Sänger Frank Sinatra, den er auch prompt wissen ließ, dass er ein Auge auf die Hollywooddiva Marilyn Monroe geworfen hatte. Wie sich die Schauspielerin Arlene Dahl erinnert, wurde Monroe Anfang 1962 durch Sinatras Vermittlung in ein New Yorker Hotel zu einem Dinner eingeladen, das zu Ehren des Präsidenten gegeben wurde. Als die blonde Sexbombe auf den Präsidenten zuging, so Dahl, habe sich Kennedy umgedreht, übers ganze Gesicht gestrahlt und gesagt: »Na, endlich bist du da!« Im darauffolgenden Monat quartierten sich die beiden für einige Tage im Privathaus des Sängers Bing Crosby im kalifornischen Palm Springs ein.

Wie so viele junge Frauen hatte sich Monroe Hals über Kopf in den charismatischen Präsidenten verliebt. Sie soll sogar Jackie über die Affäre berichtet und angekündigt haben, dass Jack sie verlassen würde und sie selbst als First Lady nachrücken werde. Polemisch und gelassen soll Jackie gekontert haben: »Blendend, dann heirate du ruhig Jack. Dann kannst du ins Weiße Haus ziehen und meine ganze Verantwortung ebenso wie die vielen Probleme übernehmen.« Für den emotionslosen JFK aber war der Hollywoodstar kaum mehr als eine weitere Geliebte. Nachdem sie dem Präsidenten allerdings zu dessen 45. Geburtstag im Mai 1962 in der traditionsreichen New Yorker Sport- und Konzerthalle Madison Square Garden eine äußerst sinnliche Fassung des Liedes »Happy Birthday to You« gesungen hatte, stellte Jack sämtliche Kontakte zu ihr umgehend ein. In den Medien ebenso wie in den gesellschaftlichen Kreisen Washingtons wurde nun nämlich über eine mögliche Affäre gemunkelt, und wie immer dachte JFK vorrangig an die eigene Karriere. Drei Monate später starb Monroe an einer Überdosis Schlaftabletten. Um ihren Tod ranken sich zahlreiche Verschwörungstheorien. Einige Biographen gehen davon aus, dass die Schauspielerin aus Liebeskummer und Enttäuschung über den rabiaten Schnitt Selbstmord begangen habe.

Monroe war keineswegs der einzige Superstar, mit dem sich der Präsident vergnügte. Die Schauspielerin Marlene Dietrich hatte im Sommer 1938 bereits seinem Vater Joe den Kopf verdreht. Die Kennedys hatten damals die Ferien in einem Luxushotel an der französischen Riviera verbracht, in dem auch Dietrich mit ihrem Mann und ihrer kleinen Tochter logierten. Joe, damals US-Botschafter in London, wich der blonden Schönheit, die ihn später als »alt, aber dennoch liebenswert« beschrieb, nicht von den Fersen. Obwohl sich die beiden auf eine Affäre einließen und sich nicht einmal die Mühe machten, ihre Beziehung zu kaschieren, entwickelte sich zwischen den Familien eine enge Freundschaft, die 25 Jahre später auch JFK ausnutzte. Anlässlich eines Bühnenauftritts der Dietrich in Washington lud Kennedy den Filmstar nachmittags zu einem Glas Sekt ins Weiße Haus ein. Beiläufig machte er, wie sich Dietrich erinnerte, »eine tolpatschige Avance«, woraufhin sie ihm antwortete: »Herr Präsident, Sie wissen, dass ich in weniger als einer Stunde meinen Auftritt habe.« JFK erwiderte nur: »Dann haben wir ja nicht viel Zeit«, und die beiden zogen sich in ein Schlafzimmer im Westflügel der Residenz zurück. Nach Darstellung der gebürtigen Berlinerin war nach 20 Minuten »alles vorbei […], und er schlief prompt ein«.

Weitere Schauspielerinnen auf Kennedys »Liste« waren Hollywooddiva Gene Tierney, der Fernsehstar Angie Dickinson und die bekannte Pornodarstellerin Blaze Starr. Die Erfüllung ihres Traumes, mit dem Führer der freien Welt im Lincoln-Schlafzimmer des Weißen Hauses die Nacht zu verbringen, wurde nach Starrs Darstellung allerdings »am späten

Abend plötzlich durch die kubanische Raketenkrise unterbrochen, als Jack zu einer Sondersitzung seines Kabinetts gerufen wurde«. Später trafen sich die beiden regelmäßig in einem Bordell in Maryland. Wenn es um seine sexuelle Befriedigung ging, schien JFK keine Grenzen zu kennen. Er vergnügte sich mit wem und wo er wollte und dachte über die potenziellen Folgen für seine Familie oder gar die Sicherheitsinteressen der Nation nicht weiter nach.

Kennedys Präsidentschaft

Geschafft

JFK war mit 43 Jahren der jüngste gewählte, aber noch nicht vereidigte Präsident (»President-elect«) in der Geschichte der Nation. Er stürzte sich sofort ins Tagesgeschäft und kümmerte sich noch vor seiner Amtseinführung um die Zusammenstellung seines Kabinetts. Einem guten Freund, Dean Acheson, der Außenminister unter Harry Truman gewesen war, vertraute er an, dass »ich so lange Zeit von Leuten umgeben war, die mich zum Präsidenten gemacht haben. Nun brauche ich welche, die sicherstellen werden, dass ich auch ein guter bin.« In seinen eigenen Worten wollte Kennedy von einem »Kabinett des Talents« flankiert sein. Seine politischen Prioritäten zeigen sich daran, dass er vier Ressorts eine besondere Bedeutung beimaß: dem Außenministerium und den Ressorts für Verteidigung, Finanzen und Justiz. Vor dem Hintergrund des Kalten Kriegs und speziell der angespannten Lage auf der Inselrepublik Kuba, dessen Führer Fidel Castro den Schulterschluss mit dem Kreml suchte, zerbrach sich Kennedy tagelang den Kopf über die am besten geeigneten Kandidaten. Wohl wissend, dass er über keine entsprechenden Erfahrungen verfügte, band er erneut alte Haudegen aus Trumans Kabinett in den Entscheidungsprozess ein.

Den Zuschlag für die Spitze des auswärtigen Ressorts bekam schließlich der Politikprofessor und Karrierebeamte Dean Rusk, der in der Truman-Administration als Staatssekretär gedient hatte. Nicht unumstritten war die Berufung Robert McNamaras an die Pentagon-Spitze. McNamara war erst kurz zuvor zum Vorstandschef des Autokonzerns *Ford* ernannt worden und galt allgemein nicht als Homo politicus, sondern vielmehr als knallharter Manager, der nach Ansicht seiner Kritiker in der Privatwirtschaft besser aufgehoben gewesen wäre. Womöglich hatten die Zweifler recht, denn McNamaras Fehleinschätzungen im Zusammenhang mit der gescheiterten Invasion in der Schweinebucht ließen JFK nicht gut aussehen. Den jungen Präsidenten beeindruckte McNamara aber mit seiner unnachgiebigen Entschlossenheit und seinem klaren Kommunikationsstil. »Bob nimmt kein Blatt vor den Mund, das gefällt mir«, sagte JFK. »Er stellt mich vor ein Dutzend Alternativen, sagt klar, welches die beste Entscheidung wäre, und damit ist die Sache entschieden. Das macht allen den Job leichter.« Finanzminister wurde der Investmentbanker Douglas Dillon, der zuvor an der Wall Street ein großes Wertpapierhaus geleitet hatte. Von ihm erhoffte sich Kennedy eine verantwortungsvolle und besonnene Haushalts- und Steuerpolitik, die sicherstellen sollte, dass die Staatsfinanzen nicht aus dem Ruder liefen.

Kaum überraschend war die kontroverseste Entscheidung: die Berufung seines Bruders Bobby zum Justizminister. Nicht zuletzt vor dem Hintergrund der zunehmenden Rassenunruhen und der aufkeimenden Bürgerrechtsbewegung unter ihrem charismatischen Fahnenträger Martin Luther King kam dem Amt eine zunehmende Bedeutung zu. Zwar widerstrebte es Kennedy, seinen jüngeren Bruder Bobby ins Kabinett zu hieven. »Ihm fehlt die Erfahrung, er hat noch nie in seinem Leben auch nur einen Gerichtssaal betreten«, argumentierte er bei einer Diskussion mit seinem Vater. Stets um das eigene Image besorgt, hatte er zudem die berechtigte Sorge, dass er sich mit der Berufung seines Bruders dem Vorwurf der Vetternwirtschaft aussetzen würde. Doch Patriarch Joseph setzte sich erneut durch. Dass Bobby selbst nach Boston zurückkehren wollte, um eine Anwaltskanzlei zu gründen, und Joe ihm noch vor kurzem versprochen hatte, ihn dabei zu unterstützen, sobald er seine Aufgabe als Wahlkampfmanager seines Bruders erfüllt hatte, spielte nun keine Rolle mehr. Zwar sagte John seinem Vater, »zum Präsidenten gewählt wurdest nicht du, sondern ich, und ich sollte selbst entscheiden, wer in mein Kabinett kommt«, doch der ließ sich davon nicht beirren. Schließlich wollte er eine Dynastie begründen, und Bobby hätte sich nach zwei Amtszeiten um die Nachfolge seines älteren Bruders bewerben können. (Tatsächlich lief Robert F. Kennedys vielversprechende Präsidentschaftskampagne sieben Jahre später bereits auf Hochtouren, als er von den Kugeln aus der Waffe des Attentäters Sirhan Sirhan tödlich getroffen wurde.) Zähneknirschend nahm Bobby den Posten schließlich an. Eine seiner ersten Amtshandlungen nach seiner Vereidigung war sogleich ein mustergültiges Beispiel für jene Vetternwirtschaft, deren Anschein der Präsident gerade hatte vermeiden wollen: Der nur 35 Jahre alte Justizminister ordnete an, dass sämtliche staatlichen Ermittlungen im Zusammenhang mit einem angeblichen Wahlbetrug eingestellt werden sollten.

Am 20. Januar 1961, 12.50 Uhr Ortszeit, legte JFK am Fuße

des Kapitolshügels in Washington seinen Amtseid ab. In seiner Antrittsrede, die noch heute als eine der besten in der Geschichte der Vereinigten Staaten gilt, schwor er seine Landsleute eloquent, souverän und mit staatsmännischem Timbre auf die demokratischen Werte ein: Die »Fackel« sei übergegangen an »eine neue Generation von Amerikanern – geboren in diesem Jahrhundert, gehärtet durch Krieg, diszipliniert durch einen harten und bitteren Frieden, stolz auf das Vermächtnis unserer Vorfahren – und nicht bereit, tatenlos einer schleichenden Aushöhlung jener Menschenrechte zuzusehen, denen diese Nation immer verpflichtet war und denen wir auch heute verpflichtet sind, in unserem eigenen Land und auf der ganzen Welt.« Unzweideutig spielte er auch auf den eskalierenden Konflikt mit der Sowjetunion an: »Jede Nation, sei sie uns gut oder böse gesinnt, soll wissen, dass wir jeden Preis zahlen, jede Last und Not ertragen, jede Entbehrung auf uns nehmen, jeden Freund unterstützen und jedem Feind entgegentreten werden, um das Überleben und den Sieg der Freiheit zu sichern.« JFKs Worte »Ask not, what your country can do for you, ask what you can do for your country« (»Fragt nicht, was euer Land für euch tun kann – fragt, was ihr für euer Land tun könnt«) waren schon zu seinen Lebzeiten legendär.

Die Schweinebucht

Kaum waren der 35. Präsident und seine Mannschaft im Amt, hatten sie bereits die erste Krise zu bewältigen, die einen weniger populären Regierungschef durchaus das Amt hätte kosten können. Schauplatz war Kuba, wo Fidel Castro zwei Jahre zuvor die Macht an sich gerissen hatte. Kennedy sah in dem Verbündeten der Sowjets eine akute Gefahr für die nationale Sicherheit. Ähnlich hatte es bereits sein Vorgänger Eisenhower gesehen und gegen Ende seiner Amtszeit beim Geheimdienst CIA einen Plan zum Sturz des Diktators in Auftrag gegeben. Als Vorlage diente der Putsch, mit dem sechs Jahre zuvor Jacobo Arbenz Guzman, der marxistische Machthaber Guatemalas, erfolgreich gestürzt worden war. Ein paar hundert vom US-Militär ausgebildete Exil-Guatemalteken hatten die Geheimdienste und das Militär ihres Heimatlandes infiltriert und Guzman auf Anweisung aus Washington und mit Unterstützung amerikanischer Kampfflugzeuge binnen weniger Tage aus dem Amt getrieben. Denselben Erfolg versprachen sich die Geheimdienstler beim CIA von einem Überfall auf Castro.

Bis zu JFKs Amtsantritt hatte sich der Plan allerdings deutlich verändert. Anstatt langsam und sorgfältig Widerstandsnester auf der Insel aufzubauen, war nun ein blitzartiger Überfall auf Castros Streitkräfte geplant. Schauplatz sollte zunächst die mittelgroße Stadt Trinidad an der kubanischen Südküste sein. Die Vorteile lagen auf der Hand: In Trinidad lebten angeblich mehrere tausend Gegner des Diktators. Von ihnen erhoffte man sich Unterstützung, falls die kubanischen Soldaten, die dort allerdings nur in geringer Zahl stationiert waren, Widerstand leisten würden. Außerdem hatte der CIA einen Plan B in der Hinterhand: Sollte die Attacke scheitern, könnten die Exilkubaner, die den Angriff ausführen sollten, in das benachbarte Escambray-Gebirge flüchten und von dort aus als Guerilla-Kämpfer agieren. An eine mögliche Niederlage hatten Militärplaner und Geheimdienst gar nicht erst gedacht, wie später kein Geringerer als Verteidigungsminister McNamara einräumte.

Der Präsident war äußerst skeptisch und lehnte die Invasion zunächst komplett ab. Doch schon bei der ersten strategischen Sitzung mit dem Nationalen Sicherheitsrat machten Generalstabschef Lyman Lemnitzer und Pentagon-Chef McNamara massiv Druck. McNamara vertrat die Auffassung, dass Kennedys Verhältnis zum CIA und der Armeespitze nachhaltig beschädigt werde, wenn sich der noch unerfahrene Präsident gleich zum Auftakt seiner Amtszeit ihren Empfehlungen widersetze. Eine Einschränkung seiner Handlungsfähigkeit könne er sich jedoch bei den schwierigen militärischen Entscheidungen, die angesichts der zunehmenden Spannungen zwischen Washington und Moskau unabwendbar schienen, nicht leisten.

Trotz seiner Bedenken gab Kennedy schließlich nach. Allerdings wollte er unbedingt verhindern, dass die Beteiligung der USA publik wurde. Für die Weltöffentlichkeit hätte das offene Engagement auf der Karibikinsel nach amerikanischem Neo-Imperialismus ausgesehen. Außerdem sollte der Konflikt zwischen Washington und Moskau nicht weiter angeheizt werden, da ansonsten womöglich eine militärische Eskalation zu befürchten stand. Der Präsident knüpfte seine Einwilligung an zwei Bedingungen: Die Invasion sollte nicht in Trinidad stattfinden, und es sollte verschleiert werden, dass die Luftangriffe, die den Bodeneinsatz der Exilkubaner flankieren sollten, von Maschinen der US-Streitkräfte geflogen wurden. Folglich beharrte Kennedy auf einem Angriff in der Nähe eines kubanischen Luftwaffenstützpunkts, da sich so die Beteiligung amerikanischer Kampfflieger hinterher einfach in Abrede stellen ließ. Als ideale Lösung bot sich die »Schweinebucht« (*Bahía de Cochinos*) an der kubanischen Südküste an.

Am 15. April 1961 wurden die ersten Luftangriffe geflogen.

Acht Kampfflugzeuge attackierten kubanische Militäranlagen und kehrten nach wenigen Stunden auf ihre Stützpunkte zurück. Die 1400 von den USA militärisch ausgebildeten Exilkubaner, die zwei Tage zuvor in Booten von Guatemala aus Kurs auf die Insel genommen hatten, benötigten für die Überfahrt dreieinhalb Tage und landeten im Morgengrauen des 17. April in der Schweinebucht. Castro hatte zwar nicht damit gerechnet, dass auf die Luftangriffe eine riskante Invasion folgen würde, doch die kubanischen Streitkräfte reagierten schnell. Sie bombardierten und versenkten das einzige Begleitschiff, das weitere Waffen, Munition sowie medizinische Güter und Lebensmittel für die Kämpfer an Bord hatte. Castros 25 000 Mann starke Truppen, deren Zahl die Militärplaner in Washington deutlich unterschätzt hatten, konnten die Angreifer in kurzer Zeit überwinden. McNamara und Generalstabschef Lemnitzer drängten Kennedy zwar am ersten Tag der Offensive energisch, die US-Luftwaffe direkt einzubinden, da der Kampf am Boden ansonsten nicht mehr zu gewinnen sei. Doch davon wollte der Präsident nichts wissen und nahm stattdessen lieber die Niederlage in Kauf. Nach nur drei Tagen erfolgte die bedingungslose Kapitulation. Bei dem Fiasko starben 140 Exilkubaner, knapp 1200 weitere wurden festgenommen und mussten demütigende öffentliche Verhöre über sich ergehen lassen.

Im Weißen Haus herrschte heilloses Chaos. Die Wut des Präsidenten kannte keine Grenzen, und er ging mit seinen Beratern und den Generälen, die ihn zu der Invasion gedrängt hatten, hart ins Gericht. McNamara war ratlos, ebenso CIA-Chef Allen Dulles, der zusammen mit seinem Stellvertreter Richard Bissell jahrelang der führende Kopf hinter den politisch motivierten Geheimdienstinterventionen im Ausland gewesen war und bald danach seinen Hut nehmen musste. Sehr schnell wurde klar, dass sich die angeblich unfehlbaren Militärplaner in mehreren Punkten verrechnet hatten. Sie hatten übersehen, dass die Angreifer nicht ins Gebirge fliehen konnten, da sie von Sümpfen und feindlichen Soldaten umgeben waren. Das Escambray-Gebirge, das in dem ursprünglichen Plan eine zentrale Rolle gespielt hatte, war knapp 130 Kilometer von der Schweinebucht entfernt. Die Planer hatten auch nicht daran gedacht, dass in der Nacht der Invasion Vollmond war und Castros Streitkräfte also kein Problem hatten, die heranrückenden Angreifer rechtzeitig zu entdecken. Der vielleicht größte Irrtum von JFKs Beratern bestand aber darin, dass sie die vermeintliche Unzufriedenheit der kubanischen Bevölkerung mit dem Castro-Regime deutlich überschätzt hatten. Die Erwartung, dass sie sich bereitwillig an einem Putsch beteiligen würde, hatte sich in keinster Weise erfüllt.

Während JFK schon offen um seine Präsidentschaft bangte und nicht ausschloss, dass er womöglich vom Kongress des Amtes enthoben würde, war es erneut Vater Joe, der sich einmischte und die Wogen zu glätten versuchte. In einem Telefonat mit Bobby machte er seinem jüngeren Sohn schwere Vorwürfe: »Deine Aufgabe ist es, auf Jack aufzupassen. Du musst die letzte Person sein, von der er einen Rat entgegennimmt.« In der Tat schweißte das Debakel in der Schweinebucht die beiden Brüder enger zusammen, und Bobby sah es mehr und mehr als seine Aufgabe, seinen älteren Bruder vor politischen Gefahren zu beschützen. Danach nahmen sie an fast allen Sitzungen gemeinsam teil. Prompt überwand John auch sein Zögern und folgte dem Rat seines Bruders, sich in der Öffentlichkeit sehen zu lassen. Er trat vor die Fernsehkameras und übernahm gegenüber der Nation die volle Verantwortung für die Niederlage.

Kuba, zweiter Akt

Nach dem Fiasko in der Schweinebucht erlebte Kennedy in seinem Privatleben eine schwierige Phase. Jackie drohte immer häufiger mit der Scheidung, und ein halbes Jahr nach der fehlgeschlagenen Invasion erlitt sein Vater einen Schlaganfall, von dem er sich nicht mehr erholen sollte. Um von seinen persönlichen Problemen abzulenken, richtete der Präsident nun seinen Fokus verstärkt auf die Situation in Kuba und den eskalierenden Kalten Krieg. John und Bobby begannen, einen Plan zum Sturz des kubanischen Diktators vorzubereiten, sogar ein Attentat war im Gespräch. Der Präsident bildete zunächst drei geheime Sonderkomitees, um den Geheimdienstapparat, der im Vorfeld der Invasion kläglich versagt hatte, straffer und effizienter zu organisieren. In allen dreien spielte Bobby eine zentrale Rolle. Die Sondergruppe A (SGA) hatte den konkreten Auftrag, Castro zu stürzen. Wie Geheimdienstmitarbeiter, die an den wöchentlichen Treffen der SGA teilnahmen, später berichteten, war Bobby regelrecht darauf versessen, den Diktator zu beseitigen. Bereits in JFKs erstem Amtsjahr hatte die Regierung zusammen mit dem Militär und dem CIA die »Operation Mongoose« gestartet, die auch als »das kubanische Projekt« bekannt wurde. Nach der Katastrophe in der Schweinebucht nahm der geheime Plan neue Dimensionen an. Es wurden Guerilla-Kämpfer auf die Insel geschickt, um einen Putsch vorzubereiten. Mit Luftangriffen wurden Fabriken und Brücken zerstört. Bobby nutzte sogar die Verbindungen seiner

Familie zum organisierten Verbrechen: Ein Komplott sah vor, dass die Mafia Einheimische anheuern sollte, um Castro zu vergiften.

Doch die Bemühungen des Justizministers verpufften wirkungslos. Castro blieb nicht nur im Amt, sondern konnte seine Macht nach der gescheiterten Invasion in der Schweinebucht sogar konsolidieren. Er suchte nun auch eine engere Anbindung an Moskau. Ironischerweise war es exakt dieser Schulterschluss Castros mit dem Kreml, der JFK die Gelegenheit geben sollte, das Image eines naiven Leichtgewichts auf der globalen Bühne abzuschütteln und die militärische Vormachtstellung der USA neu zu etablieren.

Am 16. Oktober 1962 wurde JFK im Oval Office von seinem Nationalen Sicherheitsberater McGeorge Bundy überrascht, der ihm Fotos von Baustellen für Raketenstützpunkte auf der Karibikinsel zeigte. Die Aufnahmen waren von amerikanischen U2-Überwachungsflugzeugen gemacht worden. Die Geheimdienste hatten bereits bestätigt, dass die Sowjets von den Stellungen Mittelstreckenraketen vom Typ SS4 abfeuern konnten. Als Kennedy ihn fragte, ob die Raketen bereits einsatzfähig seien, erwiderte Bundy: »Nach der Anzahl der Arbeitskräfte auf der Baustelle zu urteilen, werden die Sowjets innerhalb einer Woche in der Lage sein, jede große US-Metropole mit Atomwaffen anzugreifen.«

Kennedy berief prompt eine Krisensitzung des nationalen Sicherheitsrats ein. Sehr schnell zeigten sich Spannungen zwischen seinen führenden Beratern. Pentagon-Chef McNamara und Generalstabschef Lemnitzer plädierten für eine militärische Intervention. McNamara schlug zwei Varianten vor: Die US-Luftwaffe könne die Raketenstellungen mit gezielten Bombenangriffen zerstören. Ein noch stärkeres Signal würden die USA aber mit einer Invasion setzen, und der Verteidigungs-minister ebenso wie Lemnitzer neigten offenkundig zu dieser Lösung. Bobby Kennedy und Außenminister Dean Rusk, ein nachdenklicher Akademiker, der eine militärische Konfronta-tion scheute, meinten dagegen, dass man zunächst sämtliche diplomatische Möglichkeiten ausschöpfen solle. Während der Sitzung teilte Bundy mit, dass neue Überwachungsfotos ein-getroffen seien. Zu sehen waren darauf 19 sowjetische Mili-tärschiffe, die direkten Kurs auf Kuba genommen hatten. Die Vermutung lag nahe, dass sie mit Sprengköpfen für die im Bau befindlichen Raketenstützpunkte bestückt waren.

Kennedy hatte das Desaster in der Schweinebucht noch frisch in Erinnerung und meinte, dass ein erneutes Scheitern nicht nur das Ende seiner Präsidentschaft bedeuten, sondern auch die akute Gefahr eines Atomkriegs heraufbeschwören könnte. Wenige Tage nach der Sitzung des nationalen Sicher-heitsrats gestand er Bobby bei einem Vieraugengespräch im Oval Office seine Ratlosigkeit über das Vorgehen von Kreml-chef Chruschtschow: »Was denkt der sich, er hat doch nichts zu gewinnen? Er weiß doch, wie es um unser Nukleararsenal bestellt ist und zu welcher Antwort wir fähig wären.« Zwi-schenzeitlich hatte sich Bobby auf die Seite McNamaras und Lemnitzers geschlagen und meinte nun auch: »Mit Diplomatie ist nichts mehr zu gewinnen.«

Es folgten Stunden voller hitziger Diskussionen. Lemnitzer plädierte für einen Präventivangriff gegen die kleine Insel-republik. Dem hielt Bobby entgegen, dass sich die USA und konkret sein älterer Bruder als Präsident damit international ins Abseits manövrieren würden. Er warnte, dass ein solches Vorgehen einer Neuauflage von Pearl Harbor gleichkäme, diesmal aber mit der Weltmacht Amerika in der Rolle des

Angreifers. Außenminister Rusk machte sich unermüdlich für einen diplomatischen Ansatz stark, den der Justizminister ebenso wie die Militärexperten aber ablehnten. Schließlich schlug Bundy vor, man solle mehrere hundert Kilometer vor der kubanischen Küste eine Demarkationslinie ziehen und mit Kriegsschiffen eine Blockade einrichten, um so die russische Flotte am Erreichen der Insel zu hindern. Erneut griff Rusk ein und wies darauf hin, dass eine Seeblockade gegen das Völkerrecht verstoße. Doch JFK sagte einfach, »dann nennen wir es statt Blockade eben eine Quarantäne«. Er hielt diese Lösung für die sicherste, da keine kubanischen oder sowjetischen Soldaten getötet würden und die diplomatischen und militärischen Folgen kontrollierbar blieben.

Am 24. Oktober um 10 Uhr morgens, also neun Tage, nachdem amerikanische Überwachungsflugzeuge die ersten Fotos der Raketenstützpunkte gemacht hatten, trat die Blockade in Kraft. Zusätzlich befanden sich mit nuklearen Sprengköpfen bestückte U-Boote und Kampfflugzeuge in Alarmbereitschaft, sollte etwas nicht nach Plan laufen. Unbeantwortet blieb dabei allerdings vorerst die Frage, was mit den bereits auf Kuba befindlichen Stützpunkten und den dort stationierten Raketen geschehen sollte. Am folgenden Tag erhielt Kennedy einen ausführlichen, als vertraulich gekennzeichneten Brief, den der sowjetische Premier offenbar selbst geschrieben hatte. Darin schlug er ein simples Tauschgeschäft vor: Wenn die amerikanische Regierung verbindlich garantiere, Kuba niemals anzugreifen, dann würde die Sowjetunion ihre Raketen von dem Inselstaat abziehen.

Doch auch wenn nun alles so aussah, als habe der Präsident die Oberhand behalten, war die Freude verfrüht. Am nächsten Morgen traf ein zweiter Brief im Oval Office ein, der diesmal offenbar von Chruschtschows Generälen verfasst worden war. Das neue, deutlich weniger attraktive Angebot: Washington müsse zudem seine wenige Monate zuvor in der Türkei stationierten Jupiter-Raketen abbauen. Abends wurde auf Kennedys Wunsch Anatoly Dobrynin, der sowjetische Botschafter in Washington, zu einer privaten Unterredung mit Bobby ins Justizministerium zitiert. Der Justizminister sicherte ihm zu, dass die USA innerhalb von weniger als fünf Monaten ihre Raketen aus der Türkei abziehen würden. Die einzige Auflage: Damit der Präsident das Gesicht wahren konnte, sollte die Öffentlichkeit von dem amerikanischen Zugeständnis nichts erfahren. Die Sowjets willigten ein, zogen ihre Raketen aus Kuba ab, und die Krise war beendet. Durch diesen diplomatischen Sieg hatte Kennedy nicht nur sein nach dem Debakel in der Schweinebucht angekratztes Image wiederhergestellt, sondern womöglich sogar einen Dritten Weltkrieg verhindert. In den USA wurde der Präsident wie ein Held gefeiert, und seine Popularität erreichte neue Höhen. Kritiker warfen Kennedy zwar vor, er habe verantwortungslos gehandelt, sei von Machismo getrieben gewesen und habe die Kriegsgefahr bewusst übertrieben, um das eigene Image weiter aufzupolieren. Nichtsdestotrotz ging die Lösung der kubanischen Raketenkrise als eine der Sternstunden seiner Präsidentschaft in die Annalen der US-Geschichte ein.

»Ish bin ein Bearleener«

Kennedys Präsidentschaft fiel in die Hochzeit des Kalten Kriegs, und so ist es nicht überraschend, dass Kuba nicht der einzige Schauplatz war, an dem es während seiner Amtszeit zu

Spannungen zwischen den beiden Supermächten kam. Einen erheblichen Teil seiner außenpolitischen Aufmerksamkeit musste er Europa und speziell Deutschland widmen. Mitten durch Deutschland verlief ein »Eiserner Vorhang«, der den Einflussbereich der beiden Supermächte voneinander abgrenzte. Während Chruschtschow ein wiedervereinigtes Deutschland mit einem »kapitalistischen System« unbedingt verhindern wollte, hatte Kennedy die Angst, dass Berlin vollständig unter kommunistische Kontrolle geraten könnte. Unter dem Viermächte-Status war die Stadt seit dem Ende des Zweiten Weltkriegs in vier Sektoren geteilt, drei davon unterstanden den Westmächten USA, Großbritannien und Frankreich, der vierte wurde von der Sowjetunion kontrolliert. Auch wenn die Alliierten für Berlin einen Sonderstatus vereinbart hatten, gehörten die Westsektoren zur Bundesrepublik Deutschland, während Ostberlin, also der sowjetische Sektor, die Hauptstadt der DDR war.

Im Frühjahr 1961 einigten sich das Weiße Haus und der Kreml auf eine Serie von Vieraugengesprächen zwischen Kennedy und Chruschtschow, die am Rande eines Gipfeltreffens in Wien stattfinden sollten. Zweifellos hatte der Kreml-Chef wenige Monate nach der gescheiterten Schweinebucht-Invasion, bei der sein amerikanischer Widersacher schwach und unerfahren ausgesehen hatte, die Oberhand. Bei dem ersten Gespräch, das am 3. Juni in der Residenz des US-Botschafters stattfand, gab sich der junge Präsident erneut eine Blöße. Chruschtschow referierte über ideologische Differenzen zwischen den beiden Systemen und führte eine Reihe historischer Ereignisse an, die seine Position untermauerten. JFK war auf verlorenem Posten. Trotz stundenlanger, penibler Vorbereitungen hatte er keine überzeugenden Gegenargumente und bestärkte den sowjetischen Machthaber in der Überzeugung, dass er seinem hohen Amt schlichtweg nicht gewachsen sei. Bei den nächsten beiden Begegnungen war es aber Kennedy, der zum Angriff blies. Auf die Behauptung Chruschtschows etwa, Präsident Eisenhower habe versprochen, zwei Jahre nach Kriegsende sämtliche alliierten Truppen aus Deutschland abzuziehen, konterte JFK gelassen: »Er hat das versprochen, aber nur für den Fall, dass Deutschland wiedervereinigt ist.« Der Kreml-Chef schwieg.

Im Kern ging es Chruschtschow darum, Kennedy ein Zugeständnis abzuringen, zu dem die USA schon aufgrund völkerrechtlicher Verpflichtungen außerstande waren: Er beharrte auf einem Vertrag, der das Bestehen zweier deutscher Staaten anerkennen und besiegeln sollte. Ansonsten, so drohte er, würde Moskau bis spätestens Dezember desselben Jahres eine getrennte Einigung mit der DDR treffen. Sichtlich frustriert beharrte der Präsident, der nicht mit leeren Händen aus Wien abreisen wollte, auf einem letzten Treffen. Doch auch beim vierten Anlauf trennten sich die beiden Politiker, ohne einen Kompromiss gefunden zu haben.

Das Thema Berlin und die Zukunft des geteilten Deutschland beanspruchten auch in den darauffolgenden Wochen die Aufmerksamkeit des Präsidenten. Seine Berater, allen voran der ehemalige Außenminister Dean Acheson, den er als Experten mit an den Tisch geholt hatte, rieten ihm zu einer scharfen Gangart gegenüber Moskau. Der Präsident sollte Reservisten mobilisieren, die US-Truppenpräsenz in Europa deutlich aufstocken und die amerikanischen Atomwaffentests wieder aufnehmen. Die Einstellung der Versuche war einer der wenigen Punkte, in denen sich Kennedy und Chruschtschow in Wien hatten einigen können. Außerdem riet Acheson, der

Kennedy mit dem sowjetischen Staatschef Nikita Chruschtschow bei
ihrem Treffen in Wien am 3. Juni 1961.

Präsident solle den nationalen Notstand ausrufen. Kennedy
war jedoch der Meinung, ein Notstand sei übertrieben und un-
nötig dramatisch, und handelte maßvoller. In einer mit Spannung erwarteten Fernsehansprache kündigte er am 25. Juli an,
die militärische Präsenz in Europa zu verstärken, die diplomatischen Anstrengungen aber gleichzeitig fortzusetzen.

Kennedys Besonnenheit und Geduld zahlten sich womöglich schon bald danach aus. Chruschtschow kam wie vom
Regen in die Traufe. Die Massenflucht aus der DDR setzte sich

fort, und auch die Subventionen, die der Kreml zur Stützung der notleidenden Wirtschaft in seinen deutschen Satellitenstaat pumpen musste, fielen Moskau immer mehr zur Last. Chruschtschow entschied sich letztlich, auf einen Vorschlag zurückzukommen, den SED-Chef Walter Ulbricht kürzlich gemacht hatte: die Errichtung einer Mauer, die den Ost- vom Westteil Deutschlands abriegeln sollte. Die Bauarbeiten begannen am 13. August 1961, also weniger als drei Wochen nach Kennedys viel beachteter Fernsehansprache. Aus der Sicht des Weißen Hauses hatte sich das Problem damit quasi von selbst gelöst. Kennedys Argument: Die Befürchtung Washingtons, Moskau könne versuchen, ganz Berlin, also auch den westlichen Teil der Stadt, in seinen Machtbereich einzugliedern, war damit vom Tisch. »Wenn er die gesamte Stadt besetzen wollte, dann bräuchte Chruschtschow doch keine Mauer«, stellte er gegenüber seinen Beratern fest. »Eine elegante Lösung ist es nicht, aber die Mauer ist ein ganzes Stück besser als Krieg.« Was für die Deutschen eine Tragödie war und die Teilung des Landes für viele weitere Jahre festschrieb, wurde in Washington als Erfolg ausgelegt. Nicht nur von den heimischen Medien, sondern auch von Mitgliedern der republikanischen Opposition wurde der Präsident wie so häufig mit Samthandschuhen angefasst. Der Bau der Mauer galt nicht wenigen als Erfolg seines resoluten und zugleich behutsamen Policy-Mix aus Aufrüstung und Diplomatie.

Auch danach behielt Kennedy die Entwicklungen im geteilten Deutschland genau im Auge. Weniger als fünf Monate vor seinem Tod besuchte er zum 15. Jahrestag der Berliner Luftbrücke am 26. Juni 1963 Berlin. Vor dem Schöneberger Rathaus hielt er eine umjubelte Rede und sprach die Worte, die wohl zu den bekanntesten seiner Amtszeit zählen: »Ish bin ein Bear-

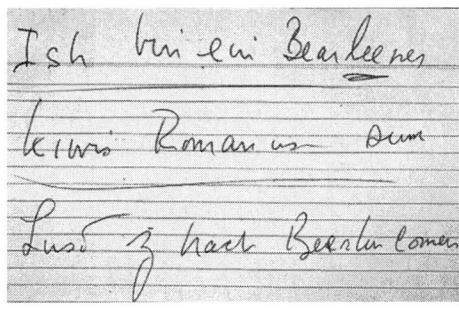

Der Zettel, von dem Kennedy am 26. Juni 1963 vor dem Schöneberger Rathaus in Berlin die legendären Worte »Ish bin ein Bearleener« ablas. Darunter hat er sich außerdem die Sätze »Civis Romanus sum« und »Lasst sie nach Berlin kommen« notiert.

leener.« Die Aussprache des kurzen Satzes, den er stolz vortrug, hatte der Präsident lange geübt und sich vorsorglich auch in phonetischer Schreibweise auf einem Zettel notieren lassen. Doch auch das mit gehörigem Pathos vorgetragene Solidaritätsbekenntnis mit der geteilten Stadt konnte nicht darüber hinwegtäuschen, dass der Bau der Mauer eine Wende im Kalten Krieg eingeläutet hatte. Beide Seiten hatten sich mit der territorialen Regelung abgefunden und die Koexistenz zweier ideologisch entgegengesetzter Lager akzeptiert. Eine Wiedervereinigung Deutschlands war vorerst kein Thema mehr. Kennedy war damit zufrieden, dass alle Bundesbürger freien Zugang zu der geteilten Stadt hatten und dass die Sicherheit Berlins und der gesamten Bundesrepublik vor Angriffen aus dem Osten gewährleistet war.

Zweifellos war der Kalte Krieg der dominierende Faktor in Kennedys Außenpolitik. Bei den beiden Krisen um Kuba und den Spannungen um den Status von Berlin und des geteilten Deutschland konnten die Wogen zwischen Washington und Moskau letztlich wieder geglättet werden. Kennedys diplomatisches Geschick bei der letzten seiner Begegnungen mit Chruschtschow in Wien hatte zudem den Weg für das Moskauer Atomteststoppabkommen bereitet, das die USA, die Sowjetunion und Großbritannien am 5. August 1963 unterzeichneten. Bei den Gesprächen in Wien hatten sich JFK und der Kreml-Chef zwei Jahre zuvor prinzipiell auf einen begrenzten Stopp von Atomwaffenversuchen geeinigt, der nun nach zähen Verhandlungen auf beiden Seiten umgesetzt wurde. Der Vertrag bezog sich zwar lediglich auf Kernwaffentests in der Atmosphäre, im Weltall und unter Wasser, doch er bereitete den Weg für spätere Rüstungskontrollabkommen, insbesondere den Kernwaffenteststopp-Vertrag, den bis heute 164 Staaten unterzeichnet und durch ihre Parlamente ratifiziert haben.

Einen weiteren Erfolg feierte JFK in Südamerika. Mit dem Ziel, eine Ausweitung kommunistischer Bestrebungen in der westlichen Hemisphäre zu bremsen, bemühte er sich um eine Intensivierung der Wirtschaftsbeziehungen zu den Ländern Mittel- und Südamerikas. Zwei Monate nach seinem Amtsantritt legte Kennedy einen Zehnjahresplan zur wirtschaftlichen Stabilisierung und Förderung des Außenhandels in den Staaten der als strategisch wichtig angesehenen Region vor. Fünf Monate später wurde der Vertrag mit dem klangvollen Namen »Allianz für den Fortschritt« in Uruguay unterzeichnet. Die amerikanische Wirtschaftshilfe für Lateinamerika wurde mit sofortiger Wirkung deutlich aufgestockt und allein 1962 mehr als verdreifacht. In den folgenden Jahren wurden dank JFKs Initiative Fortschritte bei der Armutsbekämpfung erzielt, und die wirtschaftlichen Wachstumsraten in den beteiligten Staaten lagen zum Teil sogar über den erklärten Zielen des Abkommens. Seine Nachfolger Lyndon B. Johnson und Richard Nixon hatten allerdings deutlich weniger Interesse an den Wirtschaftsbeziehungen zu Südamerika, und folglich verpufften die Wirkungen der einst gefeierten Allianz.

In Asien, das inzwischen ebenfalls zu einem wichtigen Schauplatz des Kalten Kriegs geworden war, hatte sich Kennedy dagegen teilweise kräftig verrechnet. In dem südostasiatischen Staat Laos, der gemeinsam mit Kambodscha und Vietnam zu den ehemaligen französischen Kolonialgebieten in Indochina gehörte, war ein brutaler Bürgerkrieg ausgebrochen. Konfliktparteien waren die kommunistische Bewegung Pathet Lao und die von Washington unterstützte Regierung. Die strategische Bedeutung des Landes bestand darin, dass es eine gemeinsame Grenze mit Vietnam hatte, über die kommunistische Truppen im Bürgerkrieg zwischen Nord- und Südvietnam in den Süden einsickern konnten. In Wien hatten sich Kennedy und Chruschtschow auf den Vorschlag des Präsidenten geeinigt, auf ein Ende des Bürgerkriegs in Laos und die außenpolitische Neutralität des Landes hinzuwirken. Diese Regelung trug zweifellos zum Abbau der Spannungen zwischen den beiden Supermächten bei. Der Bürgerkrieg in dem südostasiatischen Land ging allerdings, trotz zeitweiliger diplomatischer Erfolge, noch bis 1973 weiter.

Ganz anders verhielt es sich in Südvietnam, dem eigentlichen Mittelpunkt des US-Interesses in der krisengeschüttelten

Region. Man befand sich in der Hochphase des Kalten Kriegs, und so überrascht es nicht, dass es Kennedy vor allem darum ging, das kommunistische Feindbild zu bekämpfen. Bereits sein Vorgänger Eisenhower hatte versucht, eine amerikanische Präsenz in Südvietnam zu etablieren, um ein Gegengewicht gegen den sowjetischen Einfluss im Norden zu schaffen. Doch Kennedy war überzeugt, dass die USA wenig gewinnen konnten, wenn sie in Südostasien ihre Muskeln spielen ließen und mit ihrem nuklearen Potenzial drohten. In den Mittelpunkt rückte er daher das Bemühen um eine »flexible response«, also eine flexible Antwort auf die sich ausweitende kommunistische Bedrohung. Dazu zählte etwa die Ausbildung von lokalen Guerilla-Kämpfern und Aufständischen, die gegen die Truppen des kommunistischen Nordens kämpfen sollten. Um die Lage vor Ort zu erkunden, schickte er im Oktober 1961 unter der Leitung von Generalstabschef Maxwell Taylor führende Berater nach Vietnam, die der südvietnamesischen Regierung konkrete Vorschläge zum weiteren Vorgehen unterbreiten sollten.

Die Schlussfolgerungen, zu denen die von Taylor angeführte Mission in ihrem Bericht gelangte, passten dem Präsidenten allerdings überhaupt nicht ins Konzept. Dieser Bericht besagte, dass der Westen die Stärke der pro-kommunistischen Vietcong-Kämpfer deutlich unterschätzt habe und die USA mit einem Kontingent von mindestens 8000 Soldaten militärisch eingreifen müssten. Exakt jene Berater, die Kennedy auch während der Schweinebucht-Krise schlecht beraten hatten, allen voran Verteidigungsminister McNamara, stellten sich hinter den Taylor-Bericht und forderten die Entsendung von Bodentruppen. JFK aber war skeptisch. Er hatte zwar die Aufstockung der amerikanischen Militärpräsenz in Deutschland angeordnet, die er angesichts der Bedeutung des Landes im Kalten Krieg für zwingend hielt, doch die Lage in dem 15 000 Kilometer entfernten Land erschien ihm sehr viel undurchsichtiger und unsicherer. Weder wollte er, dass die US-Streitkräfte sich übernahmen noch dass die USA auf dem globalen Parkett den Eindruck erweckten, in Südostasien kolonialistische Ziele zu verfolgen.

Kennedy folgte zwar vielen Empfehlungen des Berichts und ließ außerdem nach einem vor allem von Robert Hilsman entwickelten Plan, dem »Strategic Hamlet Program«, »strategische Siedlungen« errichten, deren Bewohner mit Radios und Funkgeräten ausgestattet wurden, um Kontakt zum amerikanischen Militär zu halten. Doch der Präsident widersetzte sich den Hardlinern in seinem Beraterkreis, die die Stationierung von Bodentruppen forderten. Nichtsdestotrotz wuchs das Kontingent der sogenannten »Militärberater«, die die südvietnamesischen Streitkräfte unterstützen sollten und von denen zu Beginn von Kennedys Amtszeit weniger als 700 in Vietnam im Einsatz waren, bis 1963 auf 16 900. Da seine Generäle ihm regelmäßig von großen Erfolgen bei der Eindämmung der Vietcong berichteten, ging er davon aus, dass die Lage unter Kontrolle sei. Doch diese Schönfärberei täuschte darüber hinweg, dass die prokommunistische Bewegung eindeutig besser organisiert war. Deren Soldaten waren naturgemäß mit dem Land, der Kultur und der Mentalität der Vietnamesen besser vertraut als die amerikanischen »Militärberater« und hatten somit einen strategischen Vorteil.

Die Situation lief völlig aus dem Ruder, als das bis dahin von Washington unterstützte Regime von Präsident Ngo Dinh Diem acht Buddhisten ermordete und daraufhin weltweit Rufe nach dem Sturz des Despoten laut wurden. Das Weiße

Haus machte nun eine komplette Kehrtwende. Unter Einbindung des CIA und anderer Geheimdienste inszenierten die USA einen Putsch, bei dem Diem und sein Bruder getötet wurden. Sosehr JFK um Zurückhaltung bemüht war und den militärischen Einsatz auf ein Minimum beschränken wollte, hatte er damit dennoch den Weg für einen folgenschweren Krieg bereitet, bei dem in den kommenden Jahren mehr als 54 000 amerikanische Soldaten ihr Leben verlieren sollten. Bis heute wird darüber diskutiert, ob Kennedy, wenn er länger gelebt hätte, die Bodentruppen womöglich wieder abgezogen hätte, oder ob er, wie es sein Nachfolger Lyndon B. Johnson tat, auf die Eskalation mit verstärktem Militärengagement geantwortet hätte.

Der Wettlauf der beiden Supermächte im Kalten Krieg spielte sich allerdings keineswegs nur auf militärischem oder politischem Terrain ab. Knapp drei Monate nach JFKs feierlicher Vereidigung verkündete Moskau stolz, das Juri Gagarin als erster Astronaut die Erde umkreist hatte. Dass damit die Sowjetunion und nicht der Erzrivale USA den ersten Menschen ins All geschickt hatten, nutzte Chruschtschow geschickt zu Propagandazwecken und verkaufte den historischen Durchbruch als Beweis für die Überlegenheit des kommunistischen Systems. Gleichzeitig provozierte er damit aber den unbändigen Ehrgeiz des amerikanischen Präsidenten. Wenige Wochen später trat Kennedy vor den Kongress und gab die Parole aus, dass die USA »bis zum Ende dieses Jahrzehnts einen Mann auf den Mond schicken« sollten. Die patriotisch gesinnten Abgeordneten, ebenfalls geprägt von der Atmosphäre des Kalten Kriegs, genehmigten prompt eine großzügige Aufstockung des Budgets der Weltraumbehörde NASA. Deren Belegschaft wuchs um mehr als 11 000 Mitarbeiter, außerdem wurden fast

200 000 Vertreter privater Firmen angeheuert, um Kennedys ambitioniertes Ziel zu erreichen. Zwar kritisierten die Gegner des Programms, das Geld für die bemannte Raumfahrt hätte sinnvoller für das Bildungswesen und andere Sozialprogramme eingesetzt werden können. Doch Kennedy konterte völlig korrekt, dass der Kongress das Geld für soziale Anliegen ohnehin nicht bewilligt hätte. Weniger als sechs Jahre nach seinem Tod und damit wie angekündigt noch vor dem Ende des Jahrzehnts wurde der Traum dann zur Realität. Der US-Astronaut Neil Armstrong betrat am 21. Juli 1969 als erster Erdenbürger den Mond und sprach die legendären Worte: »Das ist ein kleiner Schritt für einen Mann, aber ein riesiger Sprung für die Menschheit.« Ungeachtet aller Kontroversen ging dieser Etappensieg im »Rennen ums Weltall« als einer von JFKs bedeutendsten Erfolgen in die Annalen seiner Präsidentschaft ein.

Zu den Glanzlichtern seiner kurzen Amtszeit zählte auch die Gründung des Friedenskorps, die zugleich zeigt, wie sehr Kennedy sich sozialliberalen Prinzipien verpflichtet fühlte. Zwei Monate nach seiner Amtseinführung rief er mit einem Präsidialerlass das »Peace Corps« ins Leben, das heute etwa 7000 Mitarbeiter hat und in 68 Nationen vertreten ist. Das erklärte Ziel, die Wirtschaft und den Wohlstand in den Entwicklungsländern durch den Einsatz freiwilliger Helfer aus den USA zu fördern, konnte die Organisation zwar nur bedingt erreichen. Doch sie erfüllte einen anderen Zweck: Sie diente der Völkerverständigung und weckte in breiten Teilen der amerikanischen Bevölkerung ein Bewusstsein für die Armut und die tiefen sozialen Gegensätze, die das Leben vieler Menschen auf der ganzen Welt bis heute prägen. Zugleich war die Initiative ein deutliches Zeichen für die ausgeprägte soziale Ader des jungen und idealistischen Präsidenten.

Ein durchwachsenes Zeugnis stellen Historiker dem Präsidenten dagegen für seine Innenpolitik aus. Dass er hier nur eine mäßige, nach Ansicht einiger Historiker sogar insgesamt schwache Bilanz vorweisen konnte, ist umso bemerkenswerter, da er während seiner gesamten Amtszeit den Vorteil hatte, dass es in beiden Kammern des Kongresses eine demokratische Mehrheit gab. Doch konservativere Demokraten aus den Südstaaten meinten, dass aufgrund des knappen Wahlausgangs JFKs Mandat nicht stark genug war, um umfassende Reformvorhaben auf den Weg zu bringen. So stießen seine Forderungen nach einer Bildungsreform im Parlament auf weitgehende Ablehnung. Die Einkommenssteuersenkungen, die er 1963 vorschlug, wurden erst nach seinem Tod in Gesetzesform gegossen.

Einen Erfolg feierte Kennedy dagegen im Bereich des Kartellrechts. Als der Vorstandschef des größten amerikanischen Stahlkonzerns U. S. Steel dem Präsidenten bei einer Begegnung im Weißen Haus mitteilte, dass er die Preise um 3,5 Prozent anheben werde und andere Branchengiganten folgen würden, schäumte Kennedy vor Wut. In Pressekonferenzen wetterte er gegen das »verantwortungslose Verhalten« der Branche, die eindeutig gegen das öffentliche Interesse handele. Privat beschimpfte er die Konzernlenker als »Bastarde« und sagte seinem Berater Arthur Schlesinger, dass »mein Vater mir schon immer gesagt hat, dass alle Vorstandschefs Arschlöcher sind – jetzt sehe ich das selbst«. Der Präsident schritt resolut zur Tat und griff tief in die Trickkiste. Seinen Verteidigungsminister Robert McNamara ließ er verkünden, dass die Regierung einen Großauftrag zum Bau von Atom-U-Booten an einen kleineren Hersteller vergeben werde, der bei der Preiserhöhung nicht mitgezogen hatte. Sowohl U. S. Steel als auch die anderen großen Hersteller knickten daraufhin ein und nahmen die Erhöhung der Stahlpreise wieder zurück.

Eher enttäuschend war JFKs Einsatz für die Bürgerrechte, obwohl er während seiner Zeit als Abgeordneter im Kongress energisch für die Gleichberechtigung von Schwarzen und ein Ende der Diskriminierung plädiert hatte. Als Präsident war sein Einsatz vor allem von politischem Opportunismus geprägt. Er und sein Bruder Bobby standen Martin Luther King, der Ikone der schwarzen Bürgerrechtsbewegung, so misstrauisch gegenüber, dass sie FBI-Chef Hoover den Auftrag gaben, ihn abzuhören. Als in seinem zweiten Amtsjahr die Protestmärsche, Demonstrationen und sozialen Unruhen zunahmen, zögerte der Präsident, ein Machtwort zu sprechen. Aktiv wurde er erst, als im Herbst 1962 dem schwarzen Studenten James Meredith der Zutritt zur Universität von Mississippi verweigert wurde: Um die aufgebrachte Menge zu beruhigen und den sicheren Zugang Merediths zu gewährleisten, entsandte Kennedy mehr als 22 000 Nationalgardisten.

Eine ähnliche Szene wiederholte sich fast ein Jahr später im Juni 1963 im US-Bundesstaat Alabama, wo der rassistische Gouverneur George Wallace sich vor das Eingangsportal der Universität des Bundesstaats stellte und zwei afroamerikanischen Studenten, die das Gebäude betreten wollten, den Zugang verwehrte. Der Präsident schickte diesmal 100 Mitglieder von Alabamas Nationalgarde, um Wallace in die Schranken zu weisen.

Doch erst, als sich in Birmingham, ebenfalls im Bundesstaat Alabama, schreckliche Szenen abspielten und schwarze Demonstranten von der Polizei mit Hunden, Feuerlöschern und Elektroschockern angegriffen wurden, machte JFK das Thema Bürgerrechte wirklich zur Chefsache. Noch am selben Abend, dem 11. Juni 1963, wandte sich der Präsident in einer mit Spannung erwarteten Fernsehansprache aus dem Oval Office an die Bürger. In seiner berühmten »Civil Rights Address« sah er die Nation in »einer moralischen Krise«. Auch 100 Jahre nach der Abschaffung der Sklaverei seien die schwarzen Bürger der USA noch nicht wirklich frei, denn die soziale und ökonomische Ungleichheit und Unterdrückung bestehe in vielen Bereichen fort. Solange aber nicht alle Bürger in Freiheit leben könnten, sei auch die Nation insgesamt nicht frei. Die Einhaltung und Verteidigung der Bürgerrechte sei daher eine moralische Aufgabe für alle Bürger der Vereinigten Staaten. Kennedy kündigte außerdem an, dem Kongress eine Reihe von Gesetzesvorhaben gegen Diskriminierung vorzulegen, die unter anderem den freien Zugang von Schwarzen zu allen öffentlichen Einrichtungen garantieren sollten. Er legte damit die Grundlage für den bedeutenden »Civil Rights Act«, der jedoch erst während der Präsidentschaft seines Nachfolgers Lyndon B. Johnson in Kraft treten sollte.

Das Attentat

Im Herbst 1963 liefen die Vorbereitungen für JFKs Wiederwahl auf Hochtouren. Der Präsident, der gerade seinen 45. Geburtstag gefeiert hatte, war an seiner Aufgabe gewachsen. Er
genoss die Macht und sonnte sich in der Bewunderung der
Öffentlichkeit und dem Starkult um seine Person und seine
Familie. Manipulativ wie eh und je, wollten John und Bobby
die Wiederwahl sicherstellen, indem sie öffentlich den republikanischen Senator Barry Goldwater und dessen »staats-
männisches Talent« lobten. Beide hielten Goldwater nämlich
für einen ausgesprochen schwachen Politiker (was sich bei der
Präsidentschaftswahl auch bewahrheitete) und wollten daher
dabei »mithelfen«, dass die Republikaner ihn als Kandidaten
aufstellten. Interessanterweise war es George Romney, der
Vater des republikanischen Präsidentschaftskandidaten von
2012, Mitt Romney, den JFK am meisten fürchtete. Romney
war erfolgreicher Vorstandschef des Autokonzerns American
Motors Corporation gewesen, bevor er zum Gouverneur von
Michigan gewählt wurde.

Doch JFK sollte sich nie zur Wiederwahl stellen. Am 22. November 1963 nahmen John und Jackie in einem Cabrio Platz, das
mit offenem Dach durch die Straßen von Dallas fuhr. Der Präsi-

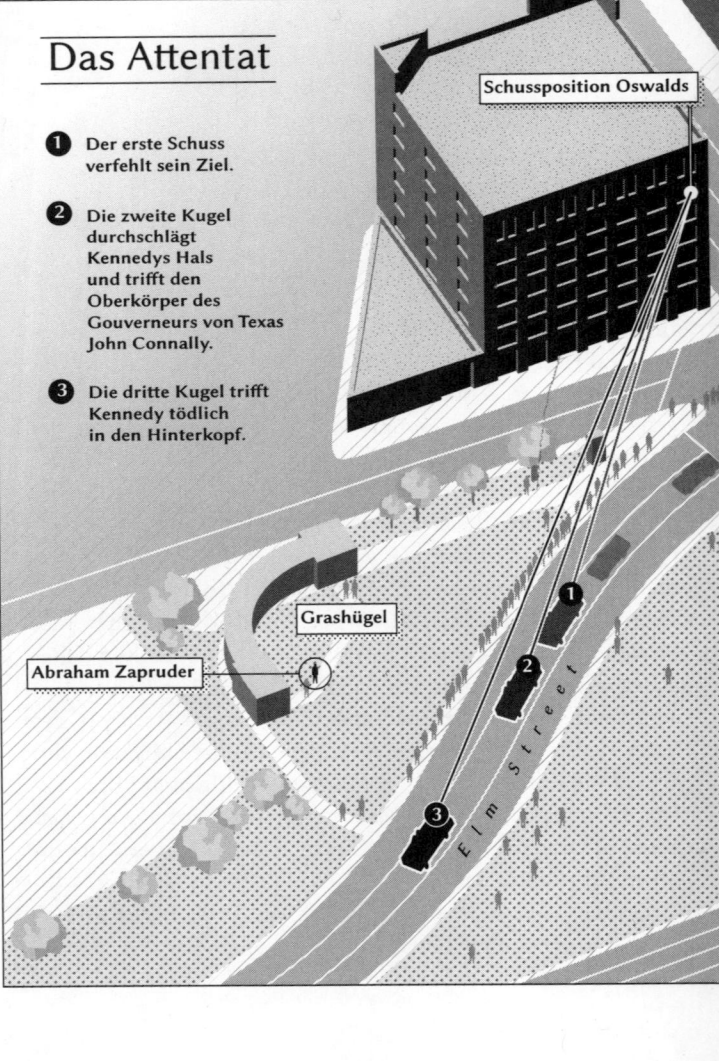

Das Attentat

Schussposition Oswalds

1 Der erste Schuss verfehlt sein Ziel.

2 Die zweite Kugel durchschlägt Kennedys Hals und trifft den Oberkörper des Gouverneurs von Texas John Connally.

3 Die dritte Kugel trifft Kennedy tödlich in den Hinterkopf.

Grashügel

Abraham Zapruder

Elm Street

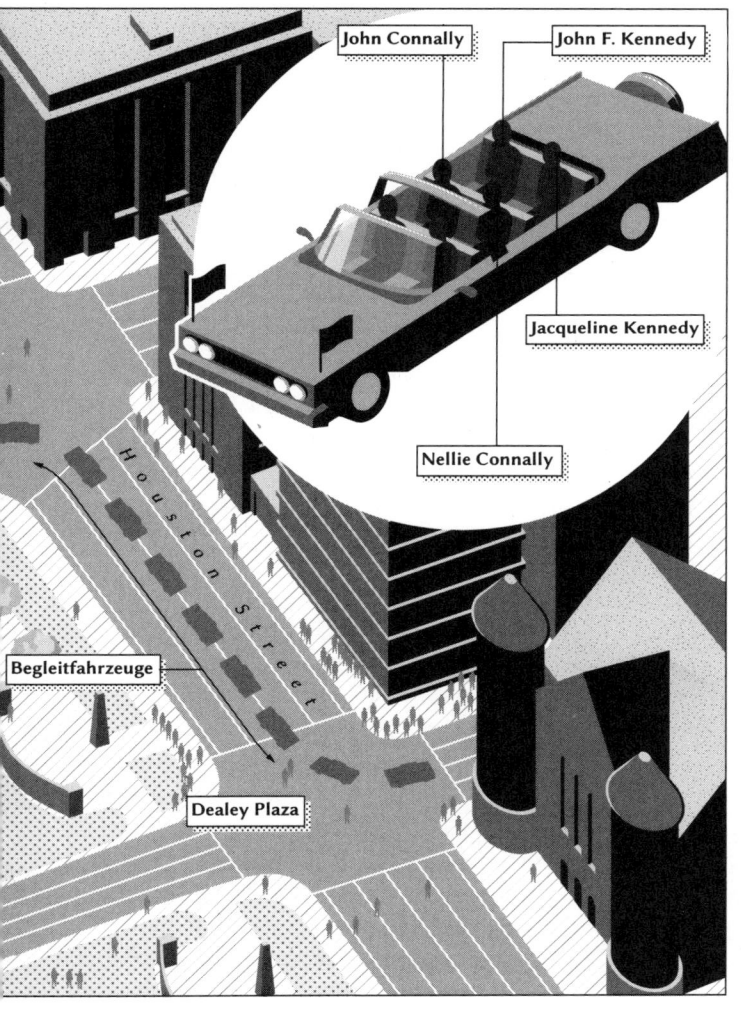

dent war in die texanische Metropole gereist, um dort an Wahl-
kampfveranstaltungen teilzunehmen. In dem Auto saßen neben den Kennedys der Gouverneur von Texas, John Connally,
dessen Ehefrau Nellie, ein Secret-Service-Agent und der Fahrer, der ebenfalls im Dienst des Secret Service stand. Nur wenige Minuten vor der geplanten Ankunft am Veranstaltungsort
bog die Wagenkolonne des Präsidenten in westlicher Richtung
auf die Elm Street ein. Tausende von klatschenden Menschen
säumten den Straßenrand und winkten dem Präsidenten und
seiner First Lady begeistert zu. Nellie Connally drehte sich um
und scherzte mit einer Prise Ironie: »Herr Präsident, Sie können
nun wirklich nicht sagen, dass Dallas Sie nicht liebt.« – In der
konservativen Hochburg Texas war Kennedy alles andere als
populär, die Reise unter seinen Beratern von Anfang an um-
stritten gewesen. Allen Gefahren zum Trotz wollte Kennedy
sich zeigen, in smartem Gestus ein Präsident zum Anfassen
sein. Einer Fahrt bei geschlossenem Verdeck hätte er nur bei
Regen zugestimmt, nach einem kurzen Schauer am Morgen
herrschte nun jedoch strahlender Sonnenschein. So nickte er
Nellie Connally schmunzelnd zu und gab zurück: »Sie haben
recht, das kann man wirklich nicht sagen.« Dies sollen seine
letzten Worte gewesen sein (worüber allerdings, wie über vie-
les andere rund um Kennedys Tod, Uneinigkeit herrscht).

Was dann geschah, hat der Amateurfilmer Abraham Zapruder per Zufall auf Normal-8-mm-Farbfilm festgehalten. Die
später detailliert in Einzelbilder zerlegten und mehrfach aufbe-
reiteten Aufnahmen dürften zu den am meisten analysierten
der Kriminalgeschichte gehören. Noch heute haben sie nichts
an Faszination wie an Schrecken verloren und sind in allen
möglichen Varianten (in Normalgeschwindigkeit, Slow Motion,
Super Slow Motion, mit Closeup auf das Präsidentenpaar etc.)

im Internet abrufbar. Allein die Eingabe der Begriffe »Zapruder« und »Film« erzielt bei Youtube derzeit ca. 45 000 Treffer.

Um 12. 30 Uhr, kurz nachdem die Limousine das an der Dealey Plaza gelegene Schulbuchdepot des Staates Texas passiert hat, fällt ein Schuss – dann ein zweiter. Ein dritter. Augenzeugen berichteten später, sie hätten gedacht, ein Unbedarfter habe Feuerwerkskörper gezündet. Jackie Kennedy indes gab zu Protokoll, der Umgebungslärm, etwa durch die begleitenden Motorräder, habe die Schüsse übertönt. Bei der Autofahrt durch Dallas habe sie immer nach links, also von ihrem Mann weg in die Menge geblickt. Erst als sie Gouverneur Connally »Oh nein, nein!« schreien hörte, wandte sie sich nach rechts: »… ich kann mich nur an den Gesichtsausdruck meines Mannes erinnern, einen irgendwie fragenden Gesichtsausdruck … Und dann berührte er seine Stirn und fiel in meinen Schoß.«

Folgt man der zur Untersuchung des Vorfalls eingesetzten Warren-Kommission und der von ihr favorisierten (und oft angezweifelten) »Single-Bullet-Theorie«, schlug die erste Kugel fehl, die zweite fügte nacheinander Kennedy und Connally schwere Verletzungen zu: Der Präsident erlitt einen Hals-, der Gouverneur unter anderem einen Lungendurchschuss. Doch während der Gouverneur in den Schoß seiner neben ihm sitzenden Frau sank, die ihn an sich drückte und damit den Kollaps seiner Lunge verhinderte, blieb Kennedy zunächst aufrecht sitzen; aufgrund seines Rückenleidens trug er ein Stützkorsett, das ihm in diesem schicksalhaften Augenblick zum Verhängnis wurde. Denn die dritte Kugel ist tödlich: Sie trifft den Präsidenten in den Kopf, der nach Aussage seines engen Mitarbeiters David Powers »mit einem entsetzlichen Geräusch, wie wenn eine Grapefruit an die Wand geklatscht wird«, zerbirst. Blut und Gehirnmasse spritzen quer durch die Limousine, auf deren Heck die verzweifelte First Lady instinktiv kriecht, um ein Schädelfragment ihres Mannes abzufangen. Der inzwischen auf den Wagen aufgesprungene, zu Jackie Kennedys persönlichem Schutz abgestellte Mitarbeiter des Secret Service Clint Hill drückt sie in den Sitz zurück, der Fahrer beschleunigt, um den Wagen aus der Gefahrenzone zu lenken.

In der Notaufnahme des Parkland Memorial Hospital können die Ärzte wenig für den sterbenden Präsidenten tun. Zwar schlägt das Herz noch, aber sowohl ein Luftröhrenschnitt als auch eine Herzdruckmassage bleiben wirkungslos. Auf Veranlassung seiner Witwe erhält Kennedy die letzte Ölung, um 13.00 Uhr (20.00 Uhr mitteleuropäischer Zeit) wird er für tot erklärt.

Wer aber hat den Präsidenten ermordet und damit letztlich den Politiker Kennedy zum »Mythos Kennedy« erhoben? Verschiedene Augenzeugen gaben an, in einem Fenster des fünften Stockes des Schulbuchlagers einen Gewehrlauf erkannt zu haben. Als mutmaßlicher Schütze wurde der Einzelgänger Lee Harvey Oswald festgenommen, der allerdings energisch bestritt, an dem Attentat beteiligt gewesen zu sein. Zu einem Prozess oder Enthüllungen über die Hintergründe kam es nicht mehr, weil Oswald zwei Tage später während der Überstellung von der Polizeizentrale ins Gefängnis vor laufenden Kameras von dem zwielichtigen Nachtklubbesitzer Jack Ruby erschossen wurde. Ruby selbst starb 1967 im Gefängnis. In den Tagen und Wochen nach dem Attentat fanden zahlreiche Trauerveranstaltungen statt, deren Bilder in die Annalen einer von einem Tag auf den anderen empfindlich getroffenen Großmacht eingingen und noch heute legendär sind. So etwa das Foto des dreijährigen Kronprinzen John F. Kennedy Junior, der vor dem Sarg seines Vaters salutiert, hinter ihm die in einen schwarzen

Schleier gehüllte Jackie. 36 Jahre später sollte JFK Junior selbst auf tragische Weise ums Leben kommen, als er bei schlechtem Wetter mit seiner Piper Saratoga in den Atlantik stürzte. Kennedys Vize Lyndon Baines Johnson wurde noch in Dallas, an Bord des Präsidentenflugzeugs Air Force One, vereidigt. Er sollte sich als Garant für Kontinuität erweisen und viele politische Initiativen Kennedys fortsetzen. Doch im Moment überwog der Schock. Die Nation hatte einen Helden verloren, einen Präsidenten, der schon zu Lebzeiten eine Legende war.

Insbesondere Jackie bemühte sich darum, das Bild ihres Mannes in der öffentlichen Erinnerung zu kultivieren. Nur wenige Wochen nach dem Attentat lud sie den angesehenen Journalisten und Buchautor Theodore White nach Hyannis Port zu einem Interview ein, das als Grundlage für eine Sonderausgabe des Magazins *Life* zu JFK und seinem Leben dienen sollte. Das sorgfältig durchdachte Image, das die Präsidentenwitwe zeichnete, hat das öffentliche Bild von JFK ganz wesentlich geprägt und wirkt bis heute fort. Sie erzählte White, wie sehr John das Broadway-Musical *Camelot* geliebt habe, das auf der Legende von König Artus beruht, der die schöne Guinevere heiratete und mit den Rittern seiner Tafelrunde ein »perfektes Königreich« gründete. Oft habe der Präsident, dessen Idealismus sie damit unterstreichen wollte, aus *Camelot* die Worte zitiert: »Lass es nie vergessen sein, dass es einst für einen leuchtenden Moment Camelot gab.« White war skeptisch, und seine Redakteure weigerten sich zunächst, die märchenhafte Analogie in das Magazin aufzunehmen. Als Jackie aber die den Abdruck der Camelot-Anekdote zur Conditio sine qua non für das Erscheinen des ganzen Interviews machte, gab *Life* schließlich nach. Mit der Veröffentlichung der Sonderausgabe war somit die Legende von John F. Kennedy als zweitem Camelot geboren. »Es wird wieder große Präsidenten geben«, sagte Jackie dem Journalisten, »doch es wird nie wieder ein Camelot geben.«

Bereits unmittelbar nach dem Attentat mangelte es nicht an Verschwörungstheorien um Kennedys Ermordung. Schließlich hatte er sich im Lauf seiner Präsidentschaft eine Menge Feinde gemacht. Eine vom obersten Richter Earl Warren ernannte Sonderkommission, die das Attentat untersuchen sollte, gelangte im September 1964 zu dem Schluss, dass Lee Harvey Oswald der einzige Schütze gewesen sei und allein gehandelt habe. Deutlich weniger Aufmerksamkeit schenkten Medien und Kennedy-Biografen den Befunden eines Gremiums, das 1976 zusammentrat: Das House Select Committee on Assassinations (HSCA), ein Untersuchungsausschuss des Repräsentantenhauses, der die Attentate an JFK und Martin Luther King zu untersuchen hatte, äußerte die Überzeugung, dass zwei Schützen an dem Attentat beteiligt waren und nicht drei, sondern vier Schüsse abgefeuert wurden.

Viele Verschwörungstheorien gehen davon aus, dass der CIA seine Hände im Spiel gehabt habe, da das Verhältnis zwischen dem Weißen Haus und dem Geheimdienstapparat seit der gescheiterten Invasion in der Schweinebucht ernsthaft gestört gewesen sei. Bekanntlich hatte Kennedy CIA-Direktor Allen Dulles und dessen Stellvertreter Richard Bissell im Gefolge des Fiaskos entlassen und die Geheimdienstler zum Sündenbock gestempelt. Fraglos hatte das Köpferollen an der Spitze der Organisation andere Top-Funktionäre erheblich irritiert. Der forensische Historiker Patrick Nolan beispielsweise glaubt, die Theorie beweisen zu können, dass vier ranghohe CIA-Mitarbeiter in die Planung des Attentats involviert und

Jackie am Tag der Beerdigung, 25. November 1963, mit den Kindern
Caroline und John Junior (salutierend vor dem Sarg); neben ihr Kennedys
Brüder Edward (links) und Robert.

drei von ihnen am 22. November auch an der Ausführung beteiligt waren.

Andere Theorien ranken sich um die Mafia. Demnach waren Gangster aus dem in Chicago beheimateten Syndikat zum

einen verärgert über Bobbys harte Gangart gegenüber dem organisierten Verbrechen. Noch größer sei aber ihr Unmut über JFKs Kuba-Politik gewesen. Schließlich hatten die lukrativen amerikanischen Kasinos auf der Insel, die eine höchst ergiebige Einnahmequelle für die Mafia waren, als Folge des US-Wirtschaftsembargos den Betrieb einstellen müssen. Diese Theorie ist allerdings schon deswegen wenig glaubwürdig, weil das Embargo bereits 1960 von JFKs Vorgänger Dwight D. Eisenhower verhängt worden war.

Weit verbreitet ist auch heute noch die Vermutung, der sowjetische Geheimdienst KGB sei in das Attentat verwickelt gewesen. Schließlich waren Kennedys Entschlossenheit in der kubanischen Raketenkrise und seine harte Position in dem Tauziehen um den Viermächte-Status im geteilten Deutschland eine Demütigung für Chruschtschow, der den Präsidenten anfangs für ein politisches Leichtgewicht gehalten hatte. Ein Minimum an Glaubwürdigkeit erlangt die Theorie dadurch, dass der Attentäter Oswald, ein früherer Marineoffizier, selbst ein Anhänger kommunistischen Gedankenguts gewesen war und in den 1950er Jahre sogar eine Zeitlang in die Sowjetunion überlaufen wollte. Verschwörungstheoretiker meinen, der KGB habe den jungen Amerikaner schon damals für seine spätere Mission rekrutiert.

Andere halten es bis heute für denkbar, dass ausgerechnet Vizepräsident Johnson hinter dem Attentat stand. Dass er und JFK erhebliche politische Differenzen hatten, sich persönlich überhaupt nicht mochten und Johnson allein deswegen zum Stellvertreter berufen worden war, weil Kennedy ohne dessen Heimatstaat Texas bei der Wahl chancenlos gewesen wäre, war schon damals ein offenes Geheimnis. Johnson, so die Theorie, habe den Tod des populären Präsidenten als schnellsten Weg gesehen, selbst auf jenen Chefsessel im Weißen Haus zu gelangen, der seit Jahren das Ziel seiner Ambitionen war.

Weniger Anhänger hat dagegen die Vermutung, Jackie habe aus Eifersucht eine Rolle bei dem Attentat gespielt oder aber ihr späterer Ehemann, der griechische Milliardär Aristoteles Onassis, der aus Leidenschaft und Rache gehandelt habe. Onassis hatte die Dreistigkeit, offen um die First Lady zu werben, und als er die schöne Frau des mächtigsten Mannes der Welt zu einer Reise auf seine Luxusyacht 1963 eingeladen hatte, hatte John dafür gesorgt, dass ein Einreiseverbot gegen den Milliardär verhängt wurde. Die Verbindung zwischen Jackie und dem wohlhabenden griechischen Reeder riss deswegen aber nicht ab, und im Oktober 1968, fünf Jahre nach JFKs Ermordung, heiratete das Paar auf der griechischen Insel Skorpios.

Über die möglichen Drahtzieher und Hintermänner des Attentats von Dallas sind mindestens ebenso viele Bücher geschrieben worden wie über JFKs Leben. Umfragen zufolge sind mehr als 70 Prozent der Amerikaner überzeugt, dass Oswald nicht allein gehandelt und es tatsächlich ein Komplott gegeben hat. Keinerlei Einigkeit besteht dagegen in der Frage, welche der vielen Theorien der Wahrheit letztlich am nähesten kommt. Daran wird wohl auch die offizielle Freigabe aller mit der Untersuchung des Attentats in Verbindung stehenden Aktenbestände im Oktober 2017 nichts ändern, die der Kongress 1992 beschlossen hat. Denn die Akten, die damit an die Öffentlichkeit gelangen, sind von den zahlreichen Untersuchungskommissionen, die sich mit dem Attentat beschäftigt haben, bereits umfassend ausgewertet worden. Der Tod von John Fitzgerald Kennedy wird wahrscheinlich für immer ein Rätsel bleiben.

Wo waren Sie, als Präsident Kennedy starb?

◆ **Senta Berger,** österreichische Schauspielerin, damals
22 Jahre alt, drehte gerade in Rom ihren ersten italieni-
schen Film. Vom Tod Kennedys erfuhr sie am Abend nach
der Arbeit durch den Regisseur Bernhard Wicki, der
wegen eines anderen Projekts zufällig im selben Hotel
wohnte und sich ob des schrecklichen Ereignisses
gemeinsam mit zwei Kollegen an der Bar betrank.

◆ **Bill Clinton,** ehemaliger US-amerikanischer Präsident,
damals 17 Jahre alt, saß im Mathematikunterricht, als der
Lehrer zum Telefon gerufen wurde; mit aschfahlem
Gesicht sei er ins Klassenzimmer zurückgekehrt und habe
den Schülern von den Schüssen auf den Präsidenten
berichtet – zu diesem Zeitpunkt wusste man noch nichts
Genaues, und alle hätten noch gehofft, dass Kennedy
überleben würde.

◆ **Heino,** deutscher Volksmusikstar, damals 24 Jahre alt,
stand in Düsseldorf auf der Bühne, als plötzlich die
Mikrophone ausgeschaltet wurden und das Licht anging –
aufgrund der tragischen Ereignisse in Dallas wurde das
Konzert abgebrochen.

◆ **Marika Kilius**, deutsche Eislauf-Legende, damals 20 Jahre
alt, trainierte in Garmisch-Partenkirchen für die Welt-
meisterschaft. Über die Nachricht vom Tod Kennedys war
sie so schockiert, dass sie kurz in Ohnmacht fiel (allerdings mag das auch daran gelegen haben, dass sie zu
wenig gegessen hatte).

◆ **Stephen King**, US-amerikanischer Bestsellerautor, damals
16 Jahre alt, besuchte die Highschool in Maine. Er erinnert
sich daran, dass seine eigentlich republikanisch gesinnte

Mutter höchst emotional auf den gewaltsamen Tod des demokratischen Präsidenten Kennedy reagierte. Besonders der Anblick des vor dem Sarg salutierenden kleinen John-John rührte sie zu Tränen.

◆ **Nancy Reagan**, ehemalige First Lady, damals 42 Jahre alt, hörte während der Fahrt zu einer Verabredung im Autoradio vom Attentat auf den Präsidenten. Fassungslos darüber, dass so etwas in einem Land wie Amerika passieren konnte, lenkte sie den Wagen an den Straßenrand und brach in Tränen aus.

◆ **Helmut Schmidt**, deutscher Bundeskanzler a. D., wurde während einer Parteiversammlung in Hamburg ein kleiner Zettel gereicht. Die darauf festgehaltene Notiz über den Tod Kennedys erschütterte ihn so sehr, dass er nicht weitersprechen konnte und die Versammlung auflöste.

◆ **Meryl Streep**, US-amerikanische Schauspielerin, damals 14 Jahre alt, lebte in New Jersey und saß im Französischunterricht, als einige Mitschüler darüber zu diskutieren begannen, ob sie sich nun unter dem Tisch in Sicherheit bringen müssten. Die Nachricht von der Ermordung des amerikanischen Präsidenten gemahnte die Teenager offenbar an die zu jener Zeit unter dem Stichwort »Duck and Cover« massiv propagierten Verhaltensregeln für den Fall eines Atombombenabwurfs.

◆ **Martin Walser**, deutscher Schriftsteller, damals 36 Jahre alt, fieberte in Stuttgart angespannt der für den 23.11. angesetzten Uraufführung seines kapitalismuskritischen Stücks *Überlebensgroß Herr Krott* entgegen. Als er ins Theater kam, begrüßte ihn der Pförtner jedoch mit den Worten: »Heute wird nicht gespielt. Kennedy ist ermordet worden.«

Das Vermächtnis

Am Ende bleibt natürlich die Frage, worin eigentlich JFKs Vermächtnis besteht. War er einer der »größten« Präsidenten der amerikanischen Geschichte, wie viele meinen? Die Schattenseiten seines Charakters und seine Schwächen im politischen wie privaten Bereich kann niemand übersehen, der sich mit der Biographie JFKs beschäftigt hat: die fortwährenden Seitensprünge, mit denen er seine Ehefrau Jackie demütigte; die ans Kriminelle grenzenden politischen Manipulationen, die er von seinem Vater gelernt hatte; die politischen Niederlagen, etwa das folgenschwere Engagement in Vietnam oder die gescheiterte Invasion in der Schweinebucht; und nicht zuletzt seine Inkonsequenz in Bürgerrechtsfragen.

Nicht genug Anerkennung findet bei vielen hingegen Kennedys Intellekt. Er war nicht nur hoch intelligent, sondern konnte zuhören und war bereit, dem Rat erfahrener Menschen zu folgen. Seine intellektuelle Aufgeschlossenheit, politische Besonnenheit und Geduld haben zwar wenig mit seinem Image des leichtsinnigen, intensiv lebenden Schürzenjägers zu tun. Doch letztlich waren es gerade diese Eigenschaften, die es ihm ermöglichten, die Nation erfolgreich durch eine der schwierigsten Phasen des Kalten Kriegs zu steuern und womöglich sogar eine nukleare Konfrontation mit der Sowjetunion abzuwenden.

Außer Frage steht auf jeden Fall, dass JFK eine der aufregendsten und faszinierendsten Persönlichkeiten war, die je das amerikanische Präsidentenamt innehatten. Kennedy verlieh diesem Amt einen noch nie dagewesenen Nimbus. Amerika hatte sich an nachdenkliche, nüchtern handelnde, ältere Herren mit weißen Haaren im Oval Office gewöhnt. Plötzlich betrat ein junger, charismatischer, rhetorisch brillanter Mann mit Rockstarqualitäten die politische Bühne und begeisterte das Publikum. Das Auf und Ab in seinem Privatleben ebenso wie in seiner politischen Laufbahn faszinierte die Öffentlichkeit umso mehr. JFK, seine schöne Frau und die gutaussehenden Kinder waren Amerikas Adel, jene »Royal Family«, nach der sich die Bürger der USA, deren Vorfahren einst Untertanen der britischen Krone gewesen waren, immer gesehnt hatten. Eine solche Identifikationsfigur wie Kennedy hat es davor und danach nicht gegeben, und es wird sie womöglich auch nie wieder geben. Eben doch wie die Worte in dem Broadway-Musical, das er so liebte: »Lass es nie vergessen sein, dass es einst für einen leuchtenden Moment Camelot gab.«

Zeittafel

29.5.1917	JFK wird in Brookline, Massachusetts, als Sohn von Joe and Rose Kennedy geboren.
Juni 1940	Kennedy schließt sein Studium an der renommierten Harvard-Universität ab.
März 1943	Kennedy bekommt als Leutnant das Oberkommando auf dem Torpedoboot PT-109.
3.8.1943	PT-109 wird von einem japanischen Zerstörer gerammt und versenkt. Kennedy wird später als Held gefeiert, der seine Besatzung gerettet habe.
12.8.1944	Kennedys älterer Bruder Joe Junior stirbt bei der Explosion seines Flugzeugs über dem Ärmelkanal.
5.11.1946	Mit 29 Jahren wird Kennedy als Vertreter des US-Bundesstaats Massachusetts ins Repräsentantenhaus gewählt. Er wird zwei Mal wiedergewählt.
4.11.1952	Kennedy wird für Massachusetts in den US-Senat gewählt, wo er 1958 für eine zweite Amtsperiode bestätigt wird.
12.9.1953	Kennedy heiratet Jacqueline Lee Bouvier.

Oktober 1954 / Februar 1955   Kennedy muss sich wegen Verletzungen, die er während des japanischen Angriffs auf das Torpedoboot PT-109 erlitten hat, zwei schweren Rückenoperationen unterziehen.

23.8.1956   Kennedys erste Tochter Arabella stirbt bei der Geburt.

6.5.1957   Kennedy erhält für sein Buch *Profiles in Courage* (*Zivilcourage*) den Pulitzer-Preis.

27.11.1957   Caroline Bouvier Kennedy wird geboren.

2.1.1960   Kennedy kündigt seine Präsidentschaftskandidatur an.

13.7.1960   Kennedy wird beim Nominierungskonvent der demokratischen Partei als Spitzenkandidat bei der Präsidentenwahl nominiert.

11.8.1960   Kennedy besiegt bei der Wahl mit hauchdünner Mehrheit Richard M. Nixon, den Spitzenkandidaten der republikanischen Partei.

25.11.1960   Kennedys Sohn John Fitzgerald Kennedy Junior wird geboren.

20.1.1961   Kennedy wird im Alter von 43 Jahren als 35. Präsident der Vereinigten Staaten vereidigt.

1.3.1961   Kennedy gründet das Friedenskorps.

17.4.1961   Die Invasion in der kubanischen Schweinebucht scheitert kläglich, Castro bleibt an der Macht, und Kennedy gerät ins Kreuzfeuer der Kritik.

3./4.6.1961   Kennedy trifft den sowjetischen Staatschef Nikita Chruschtschow zu mehreren Gesprächen in Wien.

16.–28.10.1962   Kubanische Raketenkrise. Die von Kennedy

	angeordnete Seeblockade zwingt den Kreml zum Abbau der auf Kuba installierten Raketenstellungen und verhindert damit womöglich eine nukleare Konfrontation zwischen den beiden Supermächten.
11.6.1963	Kennedy schickt Nationalgardisten an die Universität von Alabama, um zwei afroamerikanischen Studenten den Zutritt zu ermöglichen.
23.–26.6.1963	Kennedy besucht Deutschland. In Berlin hält er am 26. Juni vor dem Schöneberger Rathaus eine legendäre Rede (»Ich bin ein Berliner«).
7.8.1963	Kennedys zweiter Sohn Patrick wird geboren, stirbt aber bereits zwei Tage später.
7.10.1963	Das zuvor zwischen den USA und der Sowjetunion vereinbarte Atomteststoppabkommen wird in Washington ratifiziert.
21.11.1963	Kennedy beginnt seine Wahlkampfreise in Texas, bei der Besuche in San Antonio, Houston, Fort Worth, Dallas und Austin geplant sind.
22.11.1963	John Fitzgerald Kennedy wird in Dallas erschossen. Kurz danach wird Lee Harvey Oswald als mutmaßlicher Schütze festgenommen und angeklagt, jedoch seinerseits zwei Tage später bei der Überführung ins Staatsgefängnis von Dallas vom Nachtclubbesitzer Jack Ruby erschossen.

Lektüretipps

Burns, James MacGregor: John Kennedy. A Political Profile. New York 1960.

Clarke, Thurston: JFK's Last Hundred Days. The Transformation of a Man and the Emergence of a Great President. New York 2013.

Dallek, Robert: John F. Kennedy. Ein unvollendetes Leben. Aus dem Amerikanischen von Klaus Binder, Bernd Leineweber und Peter Torberg. München 2013.

Douglass, James W.: JFK and the Unspeakable. Why he died and why it Matters. New York 2010.

Fay, Paul B. Jr.: The Pleasure of His Company. New York 1966.

Hersh, Seymour: Kennedy. Das Ende einer Legende. Aus dem Amerikanischen von Markus Schurr. Hamburg 1998.

Kennedy, John F.: Zivilcourage. Aus dem Amerikanischen übersetzt von Josef Toch, neu übertragen von Hans Lamm; Vorwort übersetzt von Dietrich Stein. Düsseldorf/Wien 1992.

– Prelude to Leadership. The European Diary of John F. Kennedy, Summer 1945. Introduction by Hugh Sidey. Washington, DC 1995.

– Unter Deutschen. Reisetagebücher und Briefe 1937–1945. Herausgegeben von Oliver Lubrich. Aus dem Amerikanischen von Carina Tessari. Berlin 2013.

Manchester, William: Der Tod des Präsidenten. 20.–25. November 1963. Aus dem Amerikanischen übertragen von Karl Berisch [u. a.]. Frankfurt a. M. 1967.

Prouty, Leroy Fletcher: JFK. Der CIA, der Vietnamkrieg und der Mord an John F. Kennedy. Mit einer Einleitung von Oliver Stone. Aus dem Amerikanischen von Klaus Kamberger. Wien 1993.

Sabato, Larry J.: The Kennedy Half-Century. The Presidency, Assassination, and Lasting Legacy of John F. Kennedy. New York 2013.

Schlesinger, Arthur M.: Die tausend Tage Kennedys. Aus dem Amerikanischen von Wolfgang J. Helbich und Christa Helbich. 2 Bde. München/Zürich 1968.